Elisabeth Jupiter

# No, warum nicht?

Der jüdische Witz als
Quelle der Lebenskunst

Picus Verlag Wien

*Meinem Vater gewidmet*

# Inhalt

# Einleitung

Es gibt ja wirklich unendlich viele Vorurteile gegen Juden, zum Beispiel jenes, das im folgenden Witz beschrieben ist:

*Ein Christ fragt einen Juden: »Warum beantwortet ihr alle Fragen mit einer Gegenfrage?« – »No, warum nicht?«*

Und warum erzähle ich hier jüdische Witze? Na, warum soll ich keine jüdischen Witze erzählen, wo doch die Weisheit dieser Witze alle Lebensbereiche umfasst?

Der jüdische Humor spiegelt den Geist und das Herz des jüdischen Volkes. Er reflektiert seine Freuden und Sorgen, Hoffnungen und Enttäuschungen. Am besten zeigt er jedoch den Willen, über sich selbst zu lachen, eine Fähigkeit, die den Juden half, Jahrhunderte der Verfolgung zu überstehen und dabei ihr Gesicht zu wahren.

Es gibt in Fachkreisen, wobei nicht ganz klar ist, um welches Fach es sich da handelt, Diskussionen darüber, ob nur die Juden so virtuos Witze über sich selbst machen können oder ob auch andere Religionen oder Volksgruppen Witze kultivieren, die die eigenen Schwächen aufs Korn nehmen.

Bei den Christen gibt es wahrscheinlich diese Autoironie, ich denke da besonders an die Filmklassiker mit Don Camillo und Peppone. Witze direkt sind mir allerdings noch nicht viele erzählt worden. Vielleicht habe ich dafür auch den falschen Umgang!

Also bleiben wir vorläufig dabei, dass es eine Spezialität des jüdischen Volkes und ein Charakteristikum seines Humors ist, sich seiner eigenen Schwächen so schmerzlich, aber gleichzeitig auch so genüsslich bewusst zu sein. Dabei kommt auch der jüdische Witz nicht darum herum, manche Praktiken des Christentums als erzählens- und bestaunenswert zu finden.

Ich widme dieses Buch meinem Vater, der 1994 verstorben ist und dessen unerschöpfliches Reservoir an Witzen den Grundstein für dieses Buch gelegt hat. Seine Lebenslust und sein Humor haben ihm geholfen, die Schrecken von Auschwitz und

Ebensee zu überwinden. Es gibt Berichte von Überlebenden aus den Lagern, die meinen, dass nur der Humor sie am Leben gehalten habe. Der Humor als Ressource für den ungebrochenen Überlebenswunsch. Nicht mehr lachen zu können wäre für sie so gewesen, wie das Leben verloren zu haben. So erzählt ein ehemaliger KZ-Häftling, dass die gemeinsame Latrine ohne jegliche Hygiene und Intimität dem Austausch von Neuigkeiten diente und deshalb »Radio Tuches*« genannt worden war. Psychoanalytisch betrachtet ist der Humor ein Abwehrprozess von unerträglichen Situationen, die er zum Beispiel als Witz in eine aushaltbare Form bringt.

Sinn für Humor, die Liebe zum Lachen und die Größe des Selbstwertgefühls stehen in einem Zusammenhang. Vielleicht ist auch das eine Basis für den Antisemitismus. Logisch kann man ihn nicht erklären, denn die Juden wurden ja zu Tausenden und zu Millionen umgebracht, weil sie den Antisemiten zufolge Jesus ermordet hätten oder zu arm seien oder zu reich, weltverschwörerische Kapitalisten, weltzersetzende Bolschewiken oder weltbeherrschende Ostküstenbewohner. Mit Logik kommt man hier nicht weiter. Jeder Rassismus und daher auch der Antisemitismus hat irrationale, emotionale Wurzeln. Eine dieser Wurzeln könnte der Neid sein. Der Neid auf die Fähigkeit, im großen Leid noch das Komische zu finden und ein Selbstwertgefühl in die Wiege gelegt bekommen zu haben, das Stärke, Kraft und Humor mit sich bringt.

Natürlich ist mein zweiter Vater, nämlich der geistige, Sigmund Freud. Aus seiner Studie »Der Witz und seine Beziehung zum Unbewussten« habe ich viel schöpfen können. Ich will hier auch nicht der großartigen Salcia Landmann Konkurrenz machen, deren Anthologie einen Ehrenplatz auf meinem Nachttisch hat.

Mit einem Lächeln auf den Lippen einzuschlafen, beeinflusst die Gehirnaktivität jedenfalls positiv, ein Witzbuch als Bettlektüre lässt einen also gut träumen und erfrischt wieder aufwachen.

# 1.
# Eltern und Kinder

Ich beginne mit dem, womit wir ohne Zweifel alle unser Leben beginnen, obwohl …

*Ein katholischer Pfarrer, ein protestantischer Pastor und ein Rabbi diskutieren über die Frage, wann das Leben beginnt.*

*Der Pfarrer sagt: »Im Moment der Zeugung«, der Pastor meint: »Im Moment der Geburt.«*

*Der Rabbi überlegt, dann sagt er: »Das Leben beginnt, wenn die Kinder aus dem Haus sind und der Hund tot ist.«*

Das war ein kurzer Ausflug zu unseren Ursprüngen; unser Leben beginnt bekanntlich so richtig mit dem Kindsein, was unweigerlich zur Folge hat, dass wir auch mit Eltern konfrontiert sind. Ein riesiges Reservoir für Witze. Woody Allen hat seine Mutter ja sogar aus dem Himmel zu sich sprechen lassen. Es hört also nie auf. Über-Ich und so …

Als Psychotherapeutin sitze ich an der Quelle unerschöpflicher Geschichten über Eltern, die jeden Witz neben sich verblassen lassen. Fest steht, die Eltern ruinieren uns, ebenso fest steht aber, ohne Eltern sind wir ruiniert!

Der Witz wird immerhin nach dem Traum als zweiter Königsweg zum Unbewussten bezeichnet. Aber im Gegensatz zum Traum hat der Witz ein kommunikatives Element. Gemeinsam haben Witz und Traum mehrere Aspekte: die Verdichtung, Mischwörter, den Doppelsinn, und sie sind mindestens zweideutig. Vor allem eint sie die Kreativität und der überraschende Ausgang. Ein typisches Beispiel für die Verdichtung:

*Im Hotel fragt Grün den Blau: »Hast du ein Bad genommen?« Antwort: »Wieso, fehlt eines?«*

Die Verdichtung mündet in der unerwarteten Pointe. Und das ist es, was uns sowohl beim Witz als auch beim Traum direkt und ohne große kognitive Leistungen zum Verständnis von unbewussten Inhalten führt.

Am Ende bringt uns der Witz immer einen Lustgewinn. Einerseits auf rein physiologischer Basis, denn lachen ist bekanntlich gesund. Es verringert die Herzrate, vergrößert das Volumen der Gefäße, senkt so den Blutdruck, massiert durch das Zwerchfall alle inneren Organe und öffnet auch die Bronchien. Andererseits aber produziert es den Lustgewinn auch auf psychischer Ebene, denn niemand kann behaupten, dass er sich lachend nicht wohlfühlen würde.

Aber zurück zur jüdischen Kindheit. Das jüdische Kind ist ja nicht bloß ein weiterer Erdenbürger, sondern im besonderen Maß der Stolz und Hoffnungsträger seiner Eltern und Großeltern:

*Drei alte Damen sitzen im Kaffeehaus und packen die Fotos ihrer Enkerl aus. »Entzückend«, sagt die eine zu ihrer Sitznachbarin. »Wie alt sind die beiden denn jetzt?« – »Der Rechtsanwalt ist vier und die Ärztin zwei.«*

In diese Kerbe schlägt auch der folgende Witz:

*Zwei Großmütter treffen sich beim Spazierengehen. Eine schiebt einen Kinderwagen, in den die andere hineinschaut und fragt: »Kann er denn noch nicht gehen?«*

*Worauf die erste antwortet: »Bei dem Geld, was sein Vater hat, wird er nie gehen müssen.«*

Das Interessante am jüdischen Witz ist, dass er sich fast nie über andere lustig macht; wie gesagt »fast«, denn manchmal sind andere Sitten und Gebräuche nahezu ebenso befremdlich wie die eigenen Neurosen. Die Fähigkeit, über sich selbst zu lachen, hat eine unglaublich gute psychohygienische Wirkung. Viktor Frankl sagte zu seinen Angstpatienten, sie sollten ihren Symptomen nicht nur ins Gesicht schauen, sondern auch ins Gesicht lachen.

Aber kommen wir zurück zum Leben als jüdisches Kind von zwei bis sechzig Jahren.

*Kennen Sie eigentlich den Unterschied zwischen der italienischen Mamma und der jüdischen Mamme? Die italienische Mamma sagt zum Kind: »Wenn du die Suppe nicht isst, bring ich dich um.«*

*Die jüdische Mamme sagt dem Kind: »Wenn du die Suppe nicht isst, dann bring ich mich um!«*

Bei der Beschäftigung mit der österreichischen Seele kommt in mir der schreckliche Verdacht auf, dass so manche ländliche Mutter die zweite Möglichkeit ernsthaft in Betracht ziehen könnte.

*Und den Unterschied zwischen einem palästinensischen Terroristen und einer jüdischen Mamme, kennen Sie den? Mit Ersterem kann man manchmal verhandeln!*

No, da kann man schon ein bisschen neurotisch werden; es muss ja noch einen anderen Grund geben, warum so viele jüdische Ärzte Psychiater werden, außer dem, dass sie kein Blut sehen können.

Double Bind ist ein Begriff aus der Psychiatrie und erleichtert bei vorhandener Disposition auch das Auftreten von schizophrenen Krankheitsbildern. Er beschreibt die lähmende Bindung an paradoxe oder widersprüchliche Botschaften. Im Folgenden einige Beispiele, wie virtuos jüdische Mütter dieses vereinnahmende Instrument beherrschen:

*Die Tochter, die in Los Angeles lebt, ruft ihre Mutter in New York an und sagt ihr: »Mammilein, ich habe gute Nachrichten, ich bin sehr verliebt!« – »Ah, endlich, das freut mich aber sehr!«*

*»Aber da wäre noch etwas. Vielleicht freust du dich weniger, wenn ich dir sage, dass er ein Schwarzer ist.« – »Na und, wenn du ihn liebst, ist er sicher ein intelligenter, netter, anständiger Mensch.«*

*»Ja, das schon. Aber weißt du, im Moment hat er leider keine Arbeit.« – »No, er ist sicher gebildet und wird bald wieder etwas finden.«*

*»Na ja, das ist gar nicht so einfach, und dazu kommt ja noch, dass ich schwanger bin.« – »Masel tov, ich werde Großmutter, ich freu mich wahnsinnig!«*

*»Freu dich nicht zu früh, denn wir haben noch das Problem, dass wir unsere Wohnung verloren haben.« – »No, wo ist da das Problem, ich schick euch Tickets und ihr wohnt bei mir in New York.«*

*»Aber Mammilein, deine Wohnung ist doch nicht groß genug für uns alle.« – »Aber sicher, weil nach dem Telefonat häng ich mich sowieso auf.«*

In diesem Witz sind die Hinweise auf das Unbewusste natürlich besonders offensichtlich. Aber im Unterschied zum Traum gibt es beim Witz keinerlei Zensur. Erzähler und Zuhörer lachen im wahrsten Sinne des Wortes »unverschämt«.

*Frau Kohn ruft ihre beste Freundin an und fragt. »No, wie geht's mit den Kindern?« – »Gut danke, alles bestens.« – »Und dein Mann, hat er sich schon beruhigt?« – »Ja, alles wunderbar!« Darauf die Anruferin: »Ah, ich merke, du hast Gäste, telefonieren wir später!«*

Man hat es ja wirklich nicht leicht mit den Kindern:

*Drei Damen sitzen im Café. Da beginnt die Erste: »Oj weh, oj weh!« Dann die Zweite: »Was soll man nur machen, was soll man nur machen?« Dann die Dritte: »Na ja, ach ja, ach Gott!« Dann wieder die Erste: »So jetzt haben wir aber genug über die Kinder gesprochen!«*

Jüdische Kinder haben es auch nicht leicht, es ihren Müttern recht zu machen. Nicht nur weil die Erwartungen an sie so hoch sind (ich erinnere an den vierjährigen Anwalt), sondern auch, weil die Mütter so schwer glücklich zu machen sind.

*Die Mamme schenkt ihrem Sohn zum vierzigsten Geburtstag zwei Krawatten, eine blaue und eine rote. Als er sie das nächste Mal besuchen kommt, denkt er vorher daran, ihr eine Freude zu machen, und bindet sich die blaue Krawatte um. Er läutet, die Mamme macht auf, sieht ihn an und sagt traurig: »Und die rote gefällt dir nicht?«*

*

*Drei Söhne zerbrechen sich den Kopf, womit sie ihrer fünfundsiebzigjährigen Mutter zum Geburtstag eine wirklich große Freude machen könnten. Einer der drei hat eine ganz besondere Idee: Er kauft einen Papagei, engagiert den besten Rabbi der Gegend und lässt diesen den Papagei die Thora lehren, bis er sie wirklich zur Gänze aufsagen kann. Der älteste Sohn schenkt der Mutter eine Weltreise, der zweite ein neues Auto und der dritte kommt mit dem Papagei. Eine Woche nach dem Fest versammeln sie sich alle wieder zum Kaffee bei der Mamme, und sie sagt: »Vielen Dank für die Reise, aber weißt du, ich fühle mich nicht mehr so gut, mach du doch die Reise mit deiner Frau.« Zum zweiten sagt sie: »Das Auto ist wirklich sehr schön, aber ich trau mich nicht mehr zu fahren.« Zum dritten sagt sie fröhlich: »Aber das Hendl hat ausgezeichnet geschmeckt!«*

Der jüdische Witz ist kein Lächerlichmachen von Werten und Idealen anderer (zumindest fast nie!), sondern ermöglicht ein tief empfundenes Lächeln über die eigenen Unzulänglichkeiten und Neurosen. Auch das scheint mir eine gute Erklärung für die Vielzahl jüdischer Psychotherapeutinnen und Psychotherapeuten zu sein, denn die Selbsterfahrung, der humorvoll distanzierte Blick auf sich selbst, scheint den Juden schon in die Wiege gelegt.

Die jüdische Mamme ist eine weit über das Judentum hinausgehende Figur, aber nicht jüdische Menschen wissen vielleicht nicht, dass auch die Väter nicht schlecht sind im Einmischen in das Leben der Töchter. Dazu einer meiner Lieblingswitze:

*Im Zug von Lemberg nach Czernowitz sitzen ein älterer und ein junger Mann. Sie kommen ins Gespräch und finden heraus, dass sie dasselbe Reiseziel haben. Sie teilen sich den Proviant und unterhalten sich blendend. Nach einiger Zeit fragt der Junge den Alten nach der Uhrzeit. Er bekommt keine Antwort, doch nicht nur das, der alte Mann spricht überhaupt kein Wort mehr mit ihm, die ganze restliche Fahrt hindurch nicht.*

*Als sie endlich, nach Stunden des Schweigens, in Czernowitz ankommen, fasst der junge Mann Mut und fragt: »Bitte erklären Sie mir Ihr Verhalten, wir haben uns doch gut unterhalten, und auf einmal, nachdem ich Sie nach der Zeit gefragt habe, dieses stundenlange Schweigen, wie ist das möglich?«*

*Worauf der Alte antwortet: »Schauen Sie, Sie sind*

*ein intelligenter junger Mann, wir hätten uns sicher gut unterhalten. Wenn wir angekommen wären, hätte ich Sie einladen müssen. Jetzt habe ich zu Hause aber eine schöne Tochter; Sie hätten sich sicher ineinander verliebt – und einem Mann, der keine Uhr hat, geb ich meine Tochter nicht.«*

Es ist nie zufällig, welchen Witz man erzählt. Die Lieblingswitze ändern sich sicherlich auch in den verschiedenen Phasen des Lebens, denn einmal kann man sich mit der einen Figur aus einem Witz identifizieren, einmal mit einer anderen. Und das sowohl bewusst als auch unbewusst.

Diese Tatsache eröffnet natürlich wunderbare Möglichkeiten der Kommunikation. »Erzähl mir deinen Lieblingswitz, und ich weiß, ob ich dich noch einmal treffen möchte!«

*Drei ältere Damen wetteifern, wer den besten Sohn hat. Die erste: »Meiner ist der Beste. Obwohl er als Chirurg unglaublich viel zu tun hat, geht er einmal in der Woche mit mir einkaufen.«*

*»Nein, meiner ist der Beste«, sagt die zweite, »denn obwohl er als Internist nicht weiß, wie er alle Patienten unterbringen soll, verbringt er doch jeden Schabbes bei mir.«*

*»Das ist noch gar nichts«, meint die dritte, »denn meiner ist ein so gut verdienender Anwalt, dass er es sich leisten kann, viermal pro Woche zum besten Psychoanalytiker zu gehen, für den er jedes Mal dreihundert Dollar zahlt. Und wisst ihr, was er dort macht? Er spricht nur über mich!«*

Ein wichtiges Werkzeug in der Psychoanalyse ist das freie Assoziieren. Dabei wird nicht so sehr auf Grammatik oder Logik geachtet, sondern das Kreative, Spielerische steht im Vordergrund. So geschieht es auch bei Wortspielen, einer Humorform, die sehr kognitiv ausgerichtet ist. Und dennoch öffnet sie damit auch den Blick auf das Unbewusste! Ein mentales Spiel kann beginnen. Auch in der Psychotherapie kann man sich selbst anhand seiner Lieblingswitze hinterfragen und so einen wenig schmerzhaften, manchmal sogar lustvollen Blick auf die eigenen Abgründe werfen.

Wenn man lacht, ist man erfreut. Und dieses Erlebnis der Freude macht uns gedanklich flexibler. Der Witz ermöglicht somit genau das, was man auch in einer Psychotherapie erreichen will: das Sehen von Alternativen und neuen Perspektiven.

# 2.
# Geschäft und Geld

Hier sind wir bei einem der Lieblingsthemen der Antisemiten gelandet. Über nichts macht es ihnen so viel Spaß zu lästern wie über die Geschäftstüchtigkeit und den angeblichen Geiz der Juden. Der Vorwurf würde in psychoanalytischer Denkweise unterstellen, dass die Juden anal fixiert seien. Ich kann Ihnen versichern, sie sind es nicht. Wenn sie was sind, dann sicherlich oral fixiert. Der Beweis dafür ist der einzigartige Satz meiner Tante Friedl, die meinte: »Die Juden fressen und die Gojim* saufen!«

Es ist kaum etwas schwerer zu ertragen als Leute, die einen Witz stundenlang in die Länge ziehen oder die Pointe aus Begeisterung ein zweites Mal mit anderen Worten ausdrücken wollen. Jean Paul bezeichnete die Kürze als die Seele des Witzes. In dieser Kürze liegt nicht selten eine sehr lange Geschichte verborgen.

*Herr Kohn, in großen finanziellen Schwierigkeiten, sagt zum eintretenden Gerichtsvollzieher: »Das Einzige, was sie hier nehmen können, ist Platz.«*

*

*Kohn gibt auf der Post ein Telegramm an seinen Geschäftsfreund Grün auf: »Akzeptiere Ihre Offerte. Brief folgt. Hochachtungsvoll Kohn.«*

*Der Schalterbeamte gibt den freundlichen Rat: »Hochachtungsvoll könnten Sie eigentlich weglassen.«*

*Worauf Kohn verwundert fragt: »Nanu, woher kennen Sie den Grün?«*

Manchmal allerdings ist die längere Geschichte unverzichtbar, um die Weisheit, das Komische und das Tragische zu einer Pointe zu bringen:

*Grün liegt am Sterbebett und kann nur mehr mit ganz schwacher Stimme sprechen: »Sarah, meine Gute, bist du da?« – »Ja, mein lieber Mann, ich bin hier.«*

*»Rachele, mein Mädchen, bist du da?« – »Ja, Papa, natürlich bin ich hier!«*

*»Moische, mein einziger Sohn, bist du hier?« – »Freilich bin ich hier!«*

*Da bäumt sich Grün auf und schreit: »Und wer ist im Geschäft?«*

Nur wer Angst vor dem Tod hat, kann so herrlich Witze darüber machen. Und letztlich ist der Humor auch wirklich die einzige Methode, um diesen Affekt der Todesangst zu verschieben und für kurze Zeit auf Eis zu legen.

Sigmund Freud beschreibt ein Wortspiel über Geld und Geschäft, das ihm offensichtlich sehr gut gefallen hat und sicherlich auch Wasser auf die Mühlen seiner patriarchalischen Denkweise war:

*Das Ehepaar Süß lebt auf ziemlich großem Fuße. Nach der Ansicht der einen soll der Mann viel verdient und sich dabei etwas zurückgelegt haben, nach der Ansicht der anderen wieder soll sich die Frau etwas zurückgelegt und dabei viel verdient haben.*

Die Antisemiten haben es gut, denn sie können ihrer Leidenschaft, sich über Juden lustig zu machen, frönen – weil die Juden so sozialistisch sind oder so konservativ, weil sie so fromm sind oder so unfromm oder auch, weil sie so reich sind oder so arm, weil sie sich zu Millionen umbringen lassen oder weil sie eine effiziente Armee haben. Was die Antisemiten allerdings nicht bedenken, ist, dass es auch zwischen den Juden große Einkommensunterschiede gibt.

*An der Klagemauer steht ein sehr eleganter neben einem sehr ärmlichen Mann. Beide beten. Der Reiche betet: »Lieber Gott, lass zustande kommen das Millionengeschäft!« Der Arme: »Lieber Gott, lass mich haben ein Paar Schuhe!«*

*Wieder der Reiche: »Lass es gut gehen, dieses Millionengeschäft!« Der Arme: »Ich flehe Dich an um ein Paar Schuhe!«*

*Das geht einige Minuten so weiter. Da reißt dem Reichen die Geduld, er nimmt Geld aus seiner Tasche, gibt es dem Armen und sagt: »Da hast, kauf dir ein Paar Schuhe, aber lenk Ihn mir nicht ab!«*

Geld, vor allem sein Fehlen, verursacht vielen Menschen schlaflose Nächte. So auch Herrn Kohn:

*Die ganze Nacht wälzt sich Kohn im Bett hin und her und hin und her und kann nicht schlafen. Sarah, seine Frau, ist besorgt und fragt: »Was ist denn los, mein Lieber, wieso kannst du nicht schlafen?« – »Du weißt doch, ich hab Schulden beim Blau und ich kann sie einfach nicht zahlen, ich hab das Geld nicht.«*

*Daraufhin reißt Frau Kohn das Fenster auf und schreit so laut, dass das ganze Schtetl es hören kann: »Kohn kann dem Blau das Geld nicht zurückgeben!« – »Bist du meschugge*? Warum machst du das?« – »No, soll er nicht schlafen können!«*

Freud nennt Wahnsinn, Rausch und Neurosen als Möglichkeiten der Leidensabwehr. Aber auch der Humor bewerkstelligt dies. Und zwar auf gesunde, lustvolle Art und Weise.

Den vollen Lustgewinn gönnen wir uns nicht immer, wenn wir einen Witz erzählen, denn oft schwingt auch ein Schuldgefühl wegen der möglichen aggressiven oder sexistischen Inhalte mit. Wenn wir aber andere durch unsere Witze zum Lachen bringen, dann fühlen wir uns erleichtert, denn mit Freud gesprochen ist das Streben nach Lustgewinn legitim. Freud sagt weiter, dass der Humor der Triumph des Narzissmus sei. Und wir Juden hören sicherlich nicht dann auf, wenn es gerade am Schönsten ist!

Zurück zum Geld beziehungsweise zu dessen Fehlen:

*1946 gehen zwei amerikanische Soldaten, ein Schwarzer und ein junger Jude, ins Puff. Eine wunderschöne Frau bietet sich an, aber der schwarze Soldat hat zu wenig Geld, also geht der Jude mit ihr aufs Zimmer.*

*1967 erscheint ein junger Mann beim Rabbi in San Francisco. »Ich habe gehört, Sie sollen mein Vater sein und ich möchte Ihnen nur sagen, dass ich entsetzt bin, Jude zu sein.«*

*»No, reg dich nicht auf, wenn ich kein Geld gehabt hätte, wärst du jetzt a Schwarzer!«*

Humor ist der Regenschirm der Weisen, meint Erich Kästner, und damit hat er sicherlich genauso recht wie Ringelnatz, der sagt, dass Humor der Knopf ist, der verhindert, dass uns der Kragen platzt.

Auch im nächsten Witz spielt Geld eine Rolle:

*Ein Sohn will seiner Mutter einen Hund kaufen und geht in die Tierhandlung. Vor einer riesigen Dogge bleibt er interessiert stehen. »Dreihundert Euro«, sagt der Tierhändler.*

*Nun zeigt er auf einen hübschen Dobermann. »Fünfhundert Euro«, sagt der Verkäufer.*

*Der Sohn erblickt einen kleinen Foxterrier. Für ihn will der Händler eintausend Euro.*

*Schließlich entdeckt er einen winzigen Zwergrattler. »Zweitausend Euro«, erklärt der Verkäufer.*

*»Sagen Sie«, fragt der Käufer neugierig, »und was kostet bei Ihnen gar kein Hund?«*

*

*Mein Onkel Georg stand am Flughafen, um nach Israel einzuchecken. Vor ihm standen zwei Männer, einer mit Hund. Der andere schaute neugierig auf das Tier und fragt: »Sagen Sie, was zahlt man für a Kilo Kelef*?«*

Die Schnorrer* sind beliebte Figuren einerseits in jüdischen Witzen, andererseits bei Antisemiten als Ausdruck des vermeintlichen jüdischen Geizes. Das Gegenteil ist der Fall, denn wer hat, der gibt auch, besonders, wenn er weiß, wie es ist, wenn man nichts hat.

Allerdings gibt es auch den berühmten jüdischen Spruch: Wenn man dir gibt, dann nimm, wenn man dir nimmt, dann schrei!

*Ein stadtbekannter Schnorrer steht vor der Börse, als Herr Kohn eintreten will, um seinen Geschäften nachzugehen. »Was machst du da vor der Börse?«, fragt er. Der Schnorrer antwortet: »Ich spekulier in Mienen.«*

*»Was, du spekulierst? Wie machst du das?« – »No, kommt einer raus mit einer guten Miene, dann schnorr ich ihn an!«*

Ein kurzer Witz über die Armut lautet folgendermaßen:

*Bei einer armen alten Dame, die auf einem Dachboden in New York lebt, läutet das Telefon und eine Stimme fragt. »Ist dort Rothschild?« – »Oj, wenn Sie wüssten, wie falsch verbunden Sie sind!«*

Der Witz hat immer auch etwas Verbindendes, das sich zwischen Erzähler und Zuhörer bildet. Eine ganz besondere Brücke stellt er dort dar, wo er einen gemeinsamen Bezugspunkt und den Raum für gemeinsame Assoziationen schafft.

Vermutlich kann einem heutzutage nur in Wien passieren, was ich erlebt habe. Ich suchte für einen deutschen Freund ein Hotelzimmer und wählte dabei eines im Wiener (früher) jüdischen Textilviertel aus. Ich wählte die vermeintlich richtige Nummer, fragte: »Ist dort das Hotel Marc Aurel?« Darauf antwortete mir eine weibliche Stimme: »Wenn

Sie wüssten, wie falsch verbunden Sie sind!« Wir tauschten dann noch einige andere Witze aus.

Ob in New York, Wien oder im Schtetl, Armut ist kein Honiglecken!

*Itzig ist sehr arm und lebt mit seiner Frau und den fünf Kindern in einer kleinen dunklen Zweizimmerwohnung. Verzweifelt geht er zum Rabbi, der ihm folgenden Rat gibt: »Hol die Ziege aus dem Stall und bring sie in deine Wohnung!«*

*Itzig macht es, kommt aber nach einer Woche noch verzweifelter wieder. Diesmal gibt ihm der Rabbi den Rat, auch die anderen zwei Ziegen zu sich in die Wohnung zu holen. Itzig ist gottesfürchtig und macht es.*

*Aber schon nach zwei Tagen hält er es nicht mehr aus und läuft wiederum zum Rabbi. Diesmal sagt dieser: »Gib die Tiere wieder in den Stall zurück!«*

*Itzig macht es und schon am nächsten Tag ist er beim Rabbi, um ihm zu erzählen, wie gut es ihm und seiner Familie geht.*

Zurück ins Wiener Textilviertel:

Da mein Vater in der Textilbranche tätig war, gibt es hier auch einige Anekdoten zu erzählen.

Die Firma passte sich natürlich dem Geschmack der vor allem österreichischen Kunden an und führte deshalb Steireranzüge, Lodenmäntel und ähnliches. Eines Tages kam Herr Moskovici, ein wunderschöner Mann und Juwelier, und kaufte sich einen Steireranzug. Niemand hielt ihn davon ab. Als er das nächste Mal unser Geschäft aufsuchte, erzählte er Folgendes: Er war bei seinem Vater in dessen Haus in Baden bei Wien eingeladen und dachte sich, bei so einer Landpartie könne er seinen neuen Steireranzug ausführen. Er läutet, und der Vater macht mit folgenden Worten die Tür auf: »Was is, Moischele – Jäger?«

Ab diesen Tag hießen Steireranzüge bei uns nur mehr Moischele Jäger.

Unsere Schneider waren zwar hervorragend, aber manchmal passierten auch Missgeschicke, die wie folgt aus der Welt geschafft wurden:

*Herr Blau ist zur Anprobe beim Schneider. Der Anzug passt hinten und vorne nicht, legt Falten, »wasserlt«, wie das in Fachkreisen hieß, und Kunde und Schneider sind verzweifelt.*

*Aber da hat der Schneider eine Idee: »Herr Blau, wir sind fast fertig. Es liegt nicht am Anzug, sondern an Ihrer Haltung. Beugen Sie doch das linke Bein ein bisschen; sehr gut. Drehen Sie den rechten Fuß nach außen, und jetzt halten Sie den Kopf schief nach links und heben die rechte Schulter ein wenig. Sehr gut; so können Sie schon spazieren gehen.«*

*Herr Blau betritt die Straße und hört bald hinter sich: »Mein Gott, schau den armen Krüppel dort vorne!« – »Ja, ich sehe ihn. Aber einen guten Schneider hat er!«*

*

*Ein Ingenieur kommt in ein polnisches Schtetl und lässt sich vom jüdischen Schneider eine Hose machen. Die Hose wird nicht rechtzeitig fertig, und der Ingenieur reist ab. Jahre später kommt er wieder hin – da bringt ihm der Schneider die Hose. Der Ingenieur sagt: »Gott hat die Welt in sieben Tagen erschaffen, und Sie brauchen sieben Jahre für eine Hose!«*

*Der Schneider streicht zärtlich über die Hose: »Ja. Aber schauen Sie sich an die Welt – und schauen Sie sich an diese Hose!«*

Jahrelange Diskussionen über Machtmissbrauch, Misswirtschaft und Klimawandel kann man sich mit so einer Pointe sparen!

*Herr Blau kommt am Freitagnachmittag in ein Versicherungsbüro, um eine Lebensversicherung abzuschließen. Der Beamte wundert sich: »Sie sind doch schon ziemlich alt für so etwas!«*

*»Achtzig Jahre.«*

*»Und da wollen Sie eine Lebensversicherung abschließen? Na, jetzt schließen wir ohnehin gleich das Büro. Kommen Sie morgen wieder!«*

*»Morgen kann ich nicht: Schabbes!«*

*»Dann kommen Sie am Montag.«*

*»Geht auch nicht. Am Montag hat mein Vater Geburtstag.«*

*»Himmel! Sie haben noch einen Vater? Wie alt ist er?«*

*»Hundert Jahre.«*

*»Was! Gratuliere! Also kommen Sie halt Dienstag.«*

*»Geht auch nicht. Da heiratet mein Großvater.«*

*»Großvater haben Sie auch? Wie alt ist denn der?«*

*»Hundertzwanzig Jahre.«*

*»Und will noch heiraten?«*

*»Was heißt will! Er muss!«*

Wie beruhigend, sich lachend über die eigene Sterblichkeit hinwegsetzen zu können! Nicht umsonst widmet auch Freud dem Galgenhumor sein Interesse; dieses kulminiert in der Geschichte des am Montag zu Hängenden, der meint, die Woche fange ja gut an.

*Der Chef fragt seinen ältesten Mitarbeiter, ob er ihm nicht einen Rat geben könne, wie man die Dreißig-Jahr-Feier der Firma zelebrieren könnte. Sie solle die Aufmerksamkeit der Öffentlichkeit auf sich ziehen, dabei nichts kosten und alle sollten sich freuen. Darauf der Mitarbeiter: »Hängen Sie sich auf!«*

*

*»Mein Kassierer, der mit meiner Tochter und der Kasse durchgebrannt ist, scheint allmählich zu bereuen.«*

*»Wieso, hat er das Geld zurückgegeben?«*

*»Nein, aber die Tochter hat er bereits retourniert.«*

Man kann also immer lachen, sogar, wenn man depressiv ist! Studentinnen und Studenten der Psychotherapie-Wissenschaft sollten darauf hingewiesen werden, dass Probleme nicht kleiner werden, wenn man ihnen todernst begegnet. Im Gegenteil: Eine so tiefe Beziehung zu den Patientinnen und Patienten herstellen zu können, dass man auch gemeinsam schallend lachen kann, ist ein erstrebenswertes Ziel. Natürlich geht es hier, wie im jüdischen Witz, keineswegs um ein Auslachen, sondern um ein empathisches Auseinandersetzen mit Ängsten und Ressourcen.

Jüdische Witze, sagt man, sind zum Lachen gewordene Tränen.

*Am zugesperrten Geschäft vom Blau hängt ein Plakat: Wegen Todesfall geschlossen. Kohn, der gerade vorbeikommt, fragt aufgeregt den davor stehenden Blau: »Um Gottes willen, wer ist denn gestorben?« – »Die Kundschaft!«*

*

*Herr Kohn bekommt einen Anruf von seiner Bank: »Wir möchten Sie höflich darauf aufmerksam machen, dass Sie mit hunderttausend im Minus sind.« Darauf Herr Kohn: »Und schauen Sie nach, wie der Stand letzten Montag war!« – »Da waren Sie mit zweihunderttausend im Plus.« – »Eben, und hab ich Sie angerufen?«*

Manchmal, wenn die Geschäfte es erlauben, machen sogar Juden Urlaub in Israel.

*Ein Tourist kommt an den See Genezareth. Dort steht ein kleines Boot zur Überfahrt bereit. Er geht hin und fragt den Bootsführer: »Entschuldigen Sie bitte die Frage, was kostet die Fahrt über den See Genezareth?«*

*Der Bootsmann schaut ihn an und sagt: »Zwanzig Israel-Pfund!«*

*»Zwanzig Israel-Pfund? Das ist aber sehr teuer!«*

*»Mein lieber Freund, das ist der See Genezareth. Über diesen See ist Christus zu Fuß gegangen!«*

*»Ka Wunder bei den Preisen!«*

Man kann sich seine Kunden nicht immer aussuchen, man muss nur wissen, wie man mit ihnen umgeht. Darum fragt Herr Kohn seinen Kompagnon:

*»Sag, Itzig, schreibt man ›Hure‹ mit einem r oder mit zwei r?« – »Ich weiß nicht. Ich schreibe immer ›gnädige Frau‹.«*

Der Kompagnon meines Vaters war, wie man in Wien so schön sagt, ein alter Steiger. Das heißt, er hatte neben seiner Ehe immer wieder die eine oder andere Affäre. Deshalb war sein geflügeltes Wort: »Ich bekomme Dankschreiben aus aller Welt!« *»Danke, Sie brauchen nicht mehr kommen!«*

Vielleicht hatte das auch mit seinem anderen Lieblingsspruch zu tun:

*In der Kammer mit der Chonte* saß der Chamer*, der nicht konnte!*

Um gute Geschäfte zu machen, muss man hart bleiben, um nicht zu sagen stur sein. Ein besonderes Beispiel dafür ist folgender Witz:

*Itzig, Kohn und Blau gehen im Schtetl spazieren. Da kommt ihnen ein Mann entgegen, der seinen Hut zieht und grüßt. Sofort entzündet sich eine Diskussion zwischen den dreien, wer von ihnen da gegrüßt worden sei. Sie streiten so heftig darüber, dass sie als Ausweg nur den Weg zum Rabbi finden. Dieser sagt: »Gebt mir jeder ein Beispiel für eure Sturheit.«*

*Darauf Itzig: »Ich bin nach Lodz gefahren um hundert Schweine für tausend Zloty zu verkaufen, man hat mir neunhundertneunundneunzig geboten und ich bin mit allen Schweinen wieder zurückgefahren.« – »Sehr stur. Und du, Kohn?«*

*»Ich bin einmal spät nach Hause gekommen, das Tor war schon zugesperrt, also musste ich läuten. Rahel, meine Frau fragt: ›Wer ist da?‹ Ich sage: ›Ich‹ ›Wer ist ich?‹ – ›No, ich bin ich‹ … So ging das die*

*ganze Nacht, bis sie in der Früh endlich aufsperrte!« – »Sehr stur. Und du, Blau?«*

*»Ich bin einmal zum Zahnarzt gegangen, und der hat mich gefragt, welcher Zahn mir weh tut.« Habe ich geantwortet: ›Bin ich der Zahnarzt oder sind Sie der Zahnarzt?‹ Also hat er mir gezogen den Dreier, aber das war er nicht. Wieder fragt er, welcher Zahn mir weh tut, wieder antworte ich, ›Bin ich der Zahnarzt oder sind Sie es?‹ Also so hat er mir fünf gute Zähne gezogen, bis er endlich den schlechten erwischt hat.« Da sagt der Rabbi: »Dich hat er gegrüßt!«*

*Darauf Blau: »No, das weiß ich doch eh, das war ja schließlich mein Zahnarzt.«*

Oft hindert uns das strenge Über-Ich, offen aggressiv oder sadistisch zu sein. Schon Freud wunderte sich darüber, dass beim Witz dieses Rigide des Über-Ichs gelockert wird und man sich enthemmt dem Lustgewinn hingeben kann.

Humor ist niemals sadistisch, sondern eine Einstellung dem Leben gegenüber, mit dem Ziel, Leid abzuwenden.

Ein ebenso gutes Beispiel für die Sturheit, die im Geschäftsleben notwendig ist, spielt in unserer Zeit:

*Bill Gates sucht einen Osteuropachef und organisiert ein Meeting aller Interessierten. Es kommen zweihundert Leute. Er beginnt seine Rede mit der Erklärung, er wolle nur einen Mann, der in Harvard studiert hat. Hundert verlassen den Saal. Kohn denkt sich, ich hab zwar nicht in Harvard studiert, aber ich bleib trotzdem sitzen.*

*Bill Gates fährt fort, das Anforderungsprofil zu erläutern, und meint, es käme nur jemand in Frage für diesen Job, der ein Post-Graduate-Studium in London absolviert hat. Weitere fünfzig verlassen den Saal. Kohn war zwar noch nie in London, bleibt aber sitzen.*

*Den restlichen fünfzig Bewerbern erklärt Gates, dass es für ihn auch eine Bedingung sei, dass der zukünftige Osteuropachef Serbisch als Muttersprache habe. Alle verlassen den Raum außer Kohn, der natürlich nicht Serbisch kann, und einem zweiten. Diese beiden werden nun von Bill Gates gebeten, in ihrer serbischen Muttersprache die wichtigsten Topics des Jobs zu besprechen.*

*Sie setzen sich einander gegenüber, und Kohn hört seinen Mitbewerber sagen: »Baruch atta adonai, elohenu melech ha-olam …«*

Chuzpe* ist das Lebenselixier der Witze und gleichzeitig die Überlebenstaktik der Juden in einer feindlich gesinnten Umwelt. Besonders in unserer Zeit, die geprägt ist von Konsum und Werteverlusten, ist der folgende Witz hilfreich:

*Kohn kommt zum Rebbe: »Rebbe, es ist entsetzlich. Kommst du zu einem Armen – er ist freundlich, er hilft, wenn er kann. Kommst du zu einem Reichen – er sieht dich nicht einmal! Was ist das nur mit dem Geld?«*

*Da sagt der Rebbe: »Tritt ans Fenster! Was siehst du?«*

*»Ich sehe eine Frau mit einem Kind an der Hand. Ich sehe einen Wagen, er fährt zum Markt.«*

*»Gut. Und jetzt tritt hier zum Spiegel. Was siehst du?«*

*»Nu, Rebbe, was werd' ich sehen? Nebbich mich selber.«*

*Darauf der Rebbe: »Siehst du, so ist es. Das Fenster ist aus Glas gemacht, und der Spiegel ist aus Glas gemacht. Kaum legst du ein bißchen Silber hinter die Oberfläche – schon siehst du nur noch dich selber!«*

*

*Frau Rosenzweig erhält von ihrem Gatten ein Telegramm: »Eintreffe 17.30 – stopp – Westbahnhof – stopp – mitbringe Klapperschlange.«*

*Die Gattin ist pünktlich beim Zug, der Mann steigt aus, es kommt zur Begrüßung. Die Frau mustert das Gepäck: »Wo ist die Klapperschlange?«*

*»Ach was, Klapperschlange! Es waren noch zwei Wörter frei – ich werd doch der Post nix schenken!«*

Das erinnert mich an meinen Vater, der die Sonntagszeitungen immer brav gezahlt hat. Eines Tages hatte er aber nur zehn Schilling statt der nötigen fünf Schilling und so nahm er sich deshalb zwei Exemplare der Zeitung.

Geiz und Großzügigkeit … beides den Juden zugeschriebene Eigenschaften. Ich sehe in den jüdischen Witzen einen Beweis für großzügiges Denken, vor allem durch die Fähigkeit zur Selbstkritik.

*Eines Tages kommt die deutsche Bundeskanzlerin Merkel auf Staatsbesuch nach Israel und will unbedingt einen Kranz am Grabmal des unbekannten Soldaten niederlegen. Man ist verzweifelt, denn so etwas hat man nicht, also entschließt der hohe Rat, die Kanzlerin vor das schönste Grab am ganzen Friedhof zu führen. Festlich legt Frau Merkel den Kranz nieder, und nachdem sie die Inschrift gelesen hat, fragt sie: »Aber auf dem Grabstein steht doch Isidor Kohn, Kaufmann!«*

*Darauf die Antwort: »Ja, als Kaufmann war er bekannt, als Soldat war er unbekannt!«*

Der Witz nährt sich immer wieder auch aus der Differenz zu anderen Gruppen – etwa den Katholiken, wobei die Übergänge zwischen Missverstehen und Verstehen fließend sind.

Mittels Neurosen versucht der Mensch sich Gefahren und Ambivalenzen innerhalb der eigenen Person zu entziehen. Diesen Abwehrmechanismus finden wir auch beim Humor, allerdings als gesunde Variante.

# 3.
# Liebe und Ehe

Schon Freud nannte den Witz die letzte und einzige Waffe der Wehrlosen.
Jüdischer Humor ist dialektisch; das, was er verspottet, könnte man sagen, das liebt er eigentlich, und das führt zu seiner Stärke und Reife.

Während einer Psychotherapie muss man sich auch mit den eigenen Abgründen, mit Ungewissheit und Zweideutigkeit auseinandersetzen. Genau das macht auch der gute Witz. Er ermöglicht, Widersprüchliches zu integrieren. Ein gutes Rezept, um sich selbst lieben zu lernen.

Die Liebe geht ja manchmal seltsame Wege, Lebenserfahrung kann dabei hilfreich sein:

*Ein nicht mehr junger Mann, also ein Alter, kommt mit einer großen, jungen attraktiven Blondine am Samstag Vormittag zum Kürschner. Er sucht für sie den teuersten Zobelmantel aus. Er zahlt mit ei-*

*nem Scheck und beide gehen äußerst zufrieden ihrer Wege.*

*Montag früh geht der Kürschner sofort zur Bank. Dort erfährt er zu seinem Entsetzen, dass der Scheck nicht gedeckt ist. Verzweifelt und wutentbrannt läuft er in sein Geschäft zurück – wo der alte Herr schon mit dem Mantel über dem Arm vor der Tür steht. Der Kürschner brüllt ihn an: »Was fällt Ihnen ein, mir einen ungedeckten Scheck zu geben?«*

*Darauf der alte Herr: »Was regen Sie sich auf? Da ist der Mantel! Ich hab a schönes Wochenende gehabt, und Sie haben a schönes Wochenende gehabt!«*

Derart ungleiche Paare haben scheinbar keine lange Lebensdauer; da bedarf es der Hilfe.

Das Schadchen*, die Heiratsvermittlerin, ist eine vertraute Figur aus den Witzen über die Ostjuden. Ein besonders netter Witz widmet sich der schweren Aufgabe der Schadchen:

*Ein alter, hässlicher, armer Mann kommt zum Schadchen und sagt: »Ich will eine junge, schöne Frau aus gutem, reichen Haus. Sie soll eine Haut haben wie Alabaster, pechschwarze lange Haare und Augen wie Sterne.« – »Schau dich doch in den Spiegel«, antwortet das Schadchen,« eine Frau, wie du sie beschreibst, müsste meschugge sein, wenn sie dich nimmt.« Darauf der alte Mann: »Meschugge darf sie sein!«*

Das ist für viele alleinstehende Jüdinnen aller Altersklassen ein großer Trost. Nicht aber der folgende Witz:

*»Unser Rabbi ist ein so heiliger Mann, dass ihn jede Nacht sechs Engel ins Schlafzimmer seiner Frau hineintragen – und einer trägt ihn wieder heraus …« – »Wenn einer genügt, ihn herauszutragen, warum dann sechs, um ihn zu seiner Frau zu bringen?« – »Ja, will er denn?«*

*

*Frau Goldberg sagt zu ihrem Mann. »Also, wenn einer von uns stirbt, zieh ich nach Florida.«*

Freud berichtet, dass seine neurotischen Patienten dann lachten, wenn unbewusste Aspekte ans Tageslicht kamen, sogar dann, wenn der aufgedeckte Inhalt gar nicht lustig war.

Ein Witz kann aggressiv, sadistisch sein, aber jüdischer Humor ist immer empathisch gegenüber dem menschlichen Leid. Das ist charakteristisch für ihn. In diesem Zusammenhang wäre auch der Masochismus zu erwähnen, der einen Sieg durch Niederlage mit sich bringt. So sind auch die überaus selbstkritischen jüdischen Witze zu verstehen. Und vielleicht auch der Beruf des Psychotherapeuten, der empathisch und leidenschaftlich den ganzen Tag mehr oder weniger traurige Geschichten hört. Menschen mit »normalen« Berufen können das oft gar nicht verstehen. Und dennoch bringt diese Akzeptanz des eigenen und des fremden Leids, so wie sie auch im Witz zu finden ist, große Befriedigung.

*Ein Vertreter nervt seinen Kollegen mit seinem Gejammer: »Oj, tun mir die Füße weh, mein Gott, wie mir die Füße weh tun!« – »Sag einmal, wenn du als Vertreter arbeitest und den ganzen Tag unterwegs bist, solltest du dir da nicht bequeme, gute Schuhe kaufen?«*

*»Ach, was soll ich dir sagen! Den ganzen Tag bin ich unterwegs, die Füße tun mir weh; abends komme ich nach Hause, sehe meine Frau mit Lockenwicklern keifend in der Wohnung herumgehen; meine Tochter*

*ist a Chonte und mein Sohn ein Ganev*; das einzige Vergnügen, das mir bleibt im Leben, ist, mir am Abend die Schuhe auszuziehen!«*

Zum Thema Masochismus passt auch sehr gut einer meiner Lieblingswitze, den ich gerne in Paartherapien erzähle:

*Herr Kohn gesteht seiner Frau, dass er eine Freundin hat. Sie regt sich fürchterlich auf. Um sie zu beruhigen, sagt er: »Schau, reg dich nicht auf, der Blau hat auch eine und der Grün auch; und alle tanzen sie im selben Ballett.«*

*»Ich will sie sehen«, sagt sie. Also nimmt er sie wohl oder übel eines Abends mit ins Kabarett. Der Vorhang geht auf, das Ballett betritt die Bühne, und er erklärt ihr: »Schau, die ganz links ist die vom Blau, die zweite von rechts ist die vom Grün und meine ist die genau in der Mitte.«*

*Darauf Frau Kohn voll Stolz: »Unsere ist die Schönste!«*

Diese Lösung scheint mir sehr praktikabel, unter nichts leiden Paare schließlich so sehr wie unter dem Geständnis eines Seitensprungs.

Ein Grundprinzip der jüdischen Logik ist doch, dass alles noch schlimmer sein könnte, als es ist. Wissend bemerkte Torbergs Tante Jolesch dazu freilich: »Gott soll einen hüten vor allem, was noch ein Glück ist.«

Das Wissen um die vielfältigen Möglichkeiten des Unglücks prägt den jüdischen Sinn für das Sorgen-Machen. So lautet ein typisch jüdisches Telegramm:

*»Ankomme morgen, mach dir schon Sorgen!«*

Im Gegensatz dazu steht der sowohl im Privatleben als auch in der Therapie brauchbare Satz: »Nehmen Sie sich keinen Vorschuss auf Zores*!«

Eros und Thanatos, die beiden untrennbaren Geschwister, die uns das Leben so schwer und gleichzeitig so leicht machen, standen Pate bei folgendem Witz:

*Eine ältere Frau lässt sich porträtieren, und als das Gemälde nach vielen Sitzungen endlich fertig ist, sagt sie zum Maler: »Sehr schön, aber bitte malen Sie mir noch ein prachtvolles Diamantencollier und passende Ohrringe.« – »O.k., Sie zahlen, ich mache, was Sie wollen. Aber erklären Sie mir bitte warum, denn Sie haben solche Schmuckstücke doch nicht?«*

*»Ganz einfach«, meint sie. »Schauen Sie, ich bin alt und sehr krank und werde bald sterben; mein Mann achtet mich sehr und wird sicher nach meinem Tod das Gemälde im Wohnzimmer hängen lassen; andererseits ist er auch ein sehr fescher Mann und wird bald wieder eine neue Frau finden. Und die, die soll dann jedes Mal, wenn sie das Bild anschaut, fragen: ›Und wo ist der Schmuck, wo ist der Schmuck?‹«*

Dieser Witz zeigt, wie Feindseligkeit, Todesangst und Aggression nicht unterdrückt werden müssen, sondern durch ein gesellschaftlich akzeptables Lachen befreit werden können. Das spart Energie und stärkt die Persönlichkeit.

Apropos Schmuck: Da fällt mir ein, was meine Großmutter angeblich immer sagte, wenn eine besonders aufgetakelte, mit all ihrem Schmuck behängte neureiche Frau bei ihr im Geschäft (Wurst- und Selchwaren) erschienen ist: »Das Silberbesteck hat sie zu Haus gelassen!«

Zwei andere Aussprüche meiner Großmutter, die ich leider nie kennengelernt habe, da sie in Auschwitz ums Leben gekommen ist, haben meine Jugend geprägt. Beide sind von Lebenserfahrung geprägt: »A schönes Gesicht ist die beste Visitenkarte.« Und: »Ein junges Mädchen ist wie ein Seidentuch. Ist einmal ein Fleck drin, dann zerfällt es leicht.« Oj weh!

*Im jüdischen Altersheim ist Tanzabend. Herr Kohn und Frau Blau sind kaum mehr zu halten; immer enger tanzen sie Wange an Wange, bis Herr Kohn nicht mehr an sich halten kann und sie auf sein Zimmer bittet. Nach einer wilden halben Stunde sagt er ganz aufgeregt: »Fräulein Blau, wenn ich gewusst hätte, dass sie noch Jungfrau sind, ich hätte sie ja noch viel länger umworben!« – »Ach, Herr Kohn, wenn ich gewusst hätte, dass sie wirklich noch einen Ständer zustande bringen, hätte ich die Strumpfhose ausgezogen!«*

Die Leichtigkeit des Humors ermöglicht es uns, schwierige Situationen kreativer zu bewältigen. Und offensichtlich werden auch Tabus weniger ernst genommen.

*Flug New York–Wien. Ein Mann und eine Frau sitzen nebeneinander. Die Frau ist sehr attraktiv, also legt sich der Mann ins Zeug: »Was haben Sie denn in*

*New York gemacht?« – »Ich war bei einer Feministinnenkonferenz!« – »O, sehr interessant, und haben Sie Resultate erzielt?« – »Ja, wir sind draufgekommen, dass die Indianer und die Juden die besten Liebhaber sind!« – »Ah, da fällt mir ein, ich habe mich ja noch gar nicht vorgestellt: Winnetou Mandelbaum!«*

Dass es für gläubige Juden selbstverständlich ist, nur Jüdinnen zu heiraten, ist eine Sache, dass die weniger Gläubigen vor Affären mit großen Blondinen nicht zurückschrecken – ganz im Gegenteil, könnte man sagen –, ist eine andere. Die weniger Gläubigen heiraten, wen sie wollen.

*»Ich hab gehört, du hast geheiratet! A Insrige*?« – »Nein, a Gojte*!«*

*»Wieso das?« – »Na, du weißt doch, den Jüdinnen tut einmal des weh, einmal jenes …«*

*»Na, und den Gojten nicht?« – »No, soll ihnen weh tun!«*

Freud, der ja oft mit der Schwester seiner Frau auf Reisen war, schrieb seiner Frau viele Briefe. In einem aus Rom sagt er: »Weißt du, die Frauen hier sind wunderschön, und sogar die Schiachen* sind scheen!«

Freud unterscheidet Witz und Humor und meint, dass der Humor nicht unbedingt Zuhörer braucht. Man kann also auch still mit sich selbst eine Hetz haben, indem man zum Beispiel unangenehme Situationen, in denen man sich befindet, mit ironischer Distanz betrachtet. Nicht nur in unangenehmen Situationen hilft einem das Lachen über sich selbst:

*Ein älteres Ehepaar hat schon ein bisschen Probleme beim Sex. Also verschreibt der Hausarzt dem Mann Viagra, sagt aber dazu: »Wenn Sie länger als vier Stunden eine Erektion haben, dann rufen Sie mich bitte an!« Darauf der Mann: »Herr Doktor, wenn ich länger als vier Stunden eine Erektion habe, dann rufe ich alle an!«*

Der Humor ist auch hilfreich, Stress zu reduzieren, und ermöglicht somit natürlich auch ein breiteres Spektrum an Perspektiven.

Bei der Entwicklung von Humor und Witz spielt die Überwindung von Angst eine entscheidende Rolle. In einer möglichst angstfreien Erziehung kann dies natürlich eher geschehen als bei Kindern, die fürchten, auf Holzscheiten knien zu müssen, wenn sie nicht tun, was ihnen befohlen wird.

Vielleicht sind deswegen Filme von Woody Allen doch wesentlich lustiger als die neuen österreichischen Heimatfilme, in denen geschundene Landkinder für die Aufarbeitung ihrer verunglückten Kindheit Geld kassieren, statt es Therapeuten bezahlen zu müssen. Auch nicht blöd!

Aber kommen wir zurück zu den Höhen und Tiefen von Paarbeziehungen.

*Herr Blau begleitet seine Frau zum Arzt, der sie gründlich durchuntersucht und anschließend auf sein Untersuchungsbett legt, um ausgiebigst mit ihr zu schlafen. Anschließend sagt er zu Herrn Blau: »Sehen Sie, das ist das Einzige, was Ihrer Frau fehlt, und zwar zweimal pro Woche.« Darauf Herr Blau: »Muss ich da jedes Mal mitkommen?«*

Natürlich lacht man verschämt, vielleicht mit roten Backen, über so einen Witz. Aber es war ein Klient, der ihn mir erzählt hat.

Das gab mir die Möglichkeit, seine unbewussten Ängste zu erfassen und damit in der Paartherapie zur Bearbeitung der Sexualität durchzudringen und nicht weiter die Ehestreitereien über die Qualität des Teppichbodens oder der Zahnpastatuben über mich ergehen lassen zu müssen. Der Witz ist also meist ein Indikator für die verborgenen Ängste.

Natürlich schämt man sich ein wenig, wenn man über einen so primitiven, noch dazu sexuellen Witz lacht. Die Situation, wie sie in diesem Witz geschildert wird, mag Männern Angst machen, aber das Lachen ermöglicht es, diesen Schrecken zu überwinden und schafft so, ohne zusätzlichen Energieaufwand, Erleichterung.

Andererseits gibt es eine Unzahl von Gründen, zu erschrecken!

*Frau Kohn, nicht mehr die Jüngste und inmitten einer Ehekrise, schaut sich in den Spiegel und denkt: »Dieses Ekel gönne ich ihm!«*

*

*Am Damenstrand in Miami taucht ein Mann alleine auf. Frau Kohn nimmt ihren ganzen Mut zusammen und spricht ihn an: »Woher kommen Sie?« – »Aus dem Norden.« – »Von wo genau?« – »Genau genommen aus Sing-Sing.« – »Oh, und warum waren Sie dort?« – »Weil ich meine Frau umgebracht habe.« – »Ah!«, flötet sie, »Das heißt, Sie sind Single?«*

Im Humor können sexuelle oder aggressive Impulse, die normalerweise einer strengen Kontrolle unterliegen, ungestraft ausgelebt werden. Menschen, die über sich selbst lachen können, steuern ihre Aggressionen besser.

*Frau Kohn betrügt ihren Mann. Das Paar liegt gerade entspannt im Bett, als plötzlich die Eingangstür zu hören ist. Der Ehemann betritt das Haus, und der Liebhaber springt kurz entschlossen in den Kasten. Auf einmal bricht ein Feuer in der Wohnung aus. Gekreisch, und in der Aufregung hört man aus dem Kasten eine Stimme: »Rettet die Möbel, rettet die Möbel!«*

*

*Der Gerichtsvollzieher kommt zu Mandelbaum. Dieser ist verzweifelt und sagt, dass er nichts habe außer seinem Hund und seiner Frau. »Zeigen Sie mir den Hund!« Ein räudiger Straßenköter. »Jetzt bitten Sie Ihre Frau rein!« Die Gattin betritt das Zimmer. »Bitte zeigen Sie mir noch einmal den Hund!«*

*

*In der sechsköpfigen Familie Blau hängt der Haussegen schief. Herr Blau schreit: »Ich bin sicher, dass unser Jüngster, der Jakob, nicht von mir ist!« – »Aber, was redest du da«, antwortet Frau Blau, »gerade der Jakob ist von dir!«*

Der Wegfall von Hemmungen ist mitverantwortlich für den Lustgewinn, den wir durch Witze haben.

Einige amerikanische Psychotherapeuten nehmen den Lieblingswitz der Patienten als Teil der Anamnese auf. Diese können dann in der Folge, ähnlich wie Träume, zur Analyse unbewusster Inhalte herangezogen werden. Was im folgenden Witz natürlich Stoff für viele Therapiestunden liefert.

*Frau Blau liegt mit ihrem Liebhaber im Bett, als plötzlich das Telefon läutet. »Hallo, ja, o.k., ist in Ordnung!« – »Wer war das?«, will der Lover wissen. »Das war mein Mann.«*

*»Um Gottes willen, was wollte er denn?« – »Er hat nur gesagt, dass er heute später nach Hause kommt, weil er noch mit dir Karten spielt.«*

Durch Witz kann Angst bewältigt und somit auch das rigide Über-Ich gelockert werden. Hierbei finden wir eine Parallele zwischen Humor und erfolgreicher Psychotherapie. Und wenn ich so nachdenke, sind in meinen Jahrzehnten therapeutischer Arbeit nur diejenigen Therapien schlecht verlaufen, wo es nicht möglich war, den Humor der Klientinnen und Klienten zu mobilisieren.

Lachen ist immer, bei jedem Menschen, so auch bei Psychotherapeuten, eine spontane Reaktion. Es ist, wie auch die Sexualität, Symbol emotionaler Freiheit. Und genau diese gilt es ja in einer gelungenen Psychotherapie zu entfalten. In einem Leben ohne psychotherapeutische Erfahrung hilft die persönliche Reife und sicherlich die Weisheit des Alters, diese Spontaneität auszukosten.

Der Humor öffnet die Sicht auf die Absurditäten des Lebens. Und von denen gibt es ja bekanntermaßen mehr als genug!

Werden vom Therapeuten Witze in einer Therapie verwendet, was erst möglich ist, wenn eine gute Beziehung zwischen Klientin oder Klient und ihm besteht, dann ist auch das Lachen des Therapeuten von Wert, weil der Klient ihn dann als menschlicher erleben kann. Viele Klienten haben den Anspruch an sich selbst, perfekt werden zu wollen. In diesem Fall ist der Humor ein wichtiges Instrument, um durch selbstironischen Zugang zu den eigenen Schwächen diese auch besser akzeptieren zu können und sich somit selbst mehr lieben zu lernen.

# 4.
# Bei Tisch und zu Gast

Essen und Trinken sind für Gemeinschaften oder Familien von konstitutiver Bedeutung, und das Setting rund um den Esstisch offenbart mitunter Abgründe und feine Strukturen des Miteinanders.

Kurtl, ein Freund meiner Eltern, begeisterte mich immer wieder, wenn er sich gewohnheitsgemäß nach einer Einladung bei meinen Eltern mit folgenden Worten verabschiedete:

*»Vielen Dank, es war gut und reichlich und doch nicht so fett wie in anderen jüdischen Häusern; und weit über Ihre Verhältnisse! Und die Margarine hat man auch kaum aus dem Gugelhupf herausgespürt!«*

Die Umkehrung der Verhältnisse ist ja häufig ebenso Methode wie Funktion des Witzes. Etwa, wenn der Gast so gar nicht auf die Spielregeln der Höflichkeit Rücksicht nimmt:

*Herr Blau ist bei Kohns zum Essen eingeladen. Als der Fisch serviert wird, beugt er sich tief über den Teller, so als wollte er an ihm riechen. »Was ist«, fragt die Hausfrau, »riechen Sie am Fisch?« – »Nein, nein, ich sprech mit ihm.«*

*»Sie sprechen mit ihm? Was reden Sie mit ihm?« – »No, ich habe ihn gefragt, ob er meinen Freund Karl kennt, der vor drei Wochen in der Donau ertrunken ist.«*

*»Und, was sagt er?« – »Er sagt, er kann ihn nicht kennen, denn er liegt schon seit fünf Wochen im Eiskasten.«*

*

*Herr Blau ist das erste Mal in die neue Wohnung seines Freundes Dolfi eingeladen. Der erklärt ihm den Weg: »Von der Kärntner Straße biegst du die zweite rechts ein, und beim dritten Haus läutest du dann mit dem rechten Ellbogen an der untersten Glocke. Mit dem linken Fuß stößt du dann das Tor auf, gehst ein paar Stufen rauf, drückst mit der Nase den Liftknopf und fährst in den letzten Stock. Dort klopfst du mit dem linken Fuß an die Tür.«*

*»Ich verstehe, aber warum muss ich das alles so kompliziert machen?«*

*»No, du wirst doch nicht mit leere Händ kommen!«*

Bekanntlich dürfen fromme Juden ja kein Schweinefleisch essen, daher ist der folgende Witz zu einem Klassiker geworden.

*Im Delikatessengeschäft zeigt Herr Kohn auf den Schinken und sagt: »Geben sie mir hundert Gramm von dem da!« Der Verkäufer: »Hundert Gramm Schinken, meinen Sie?« Darauf Herr Kohn: »Hab ich Sie gefragt, wie der Fisch heißt?«*

Mein Cousin George aus Schottland hat einmal festgestellt, sollte unsere Familie jemals geadelt werden und ein eigenes Wappen erhalten, so müsse der Wappenspruch lauten: »Lass mich kosten!«

*Grün geht das erste Mal in seinem Leben ins Café Griensteidl. Aus ärmlichen Verhältnissen kommend und unerwartet zu Reichtum gelangt, sind seine Tischmanieren nicht besonders fein. So nagt er seine Hühnerknochen ab und wirft diese einfach hinter sich. Der Kellner läuft ziemlich aufgebracht zu ihm und sagt: »Das können Sie doch nicht machen, wo haben Sie denn bis jetzt gegessen?«*

*»Im Hotel Sacher«, antwortet Grün. »Und was haben die dort gesagt, als Sie die Hühnerknochen einfach hinter sich warfen?«*

*»Die haben gesagt, das können Sie im Griensteidl machen!«*

Apropos Tischmanieren – rund um Besteck und Geschirr können sich auch so einige Probleme ergeben:

*Herrn Blau wird in einem feinen Restaurant die Suppe serviert; sie steht vor ihm, da ruft er den Kellner zurück: »Kosten Sie die Suppe!«*

*Der Kellner sehr höflich: »Ist sie zu stark gesalzen? Ich bringe Ihnen eine neue!«*

*»Nein, kosten Sie die Suppe!« – »Ist sie zu wenig gesalzen?«*

*»Nein, kosten Sie die Suppe!« – »Wenn sie zu kalt ist, bringe ich sie in die Küche!«*

*»Nein, kosten Sie die Suppe!« Also gibt der Kellner nach, will kosten, hält inne und sagt: »Da ist ja kein Löffel!« – »Eben!«*

*

*Frau Kohn geht ins Geschirrgeschäft und sagt: »Ich hätte gern ein Service für Gott behüte zwölf Personen!«*

*

*Der reiche Herr Goldberg hat seine Schwierigkeiten im Geschirrgeschäft der Firma Rosenthal. Nach langem Suchen entscheidet er sich für ein Service und wendet sich an die Verkäuferin: »Wenn Sie bitte auf der Rückseite der Teller ›Goldberg‹ eingravieren könnten!« – »Nein, leider, das ist unmöglich, das können wir nicht machen!«*

*»Ah, Goldberg nicht, aber Rosenthal schon?«*

Eine leider wahre Geschichte, die so grausam ist, dass sie eigentlich gar nicht erfunden werden könnte, passierte meiner Mutter. Am Tag, an dem sie aus Auschwitz über Theresienstadt nach Wien zurückkehrte, ging sie natürlich als Erstes in das Haus ihrer verlorenen Kindheit. Niemand hatte überlebt von der Familie, aber sie suchte trotzdem die vertraute Umgebung auf. Sie läutete bei der Nachbarin, die sie sehr freundlich hereinbat und ihr Kaffee anbot … im Service meiner ermordeten Großmutter.

Lachen ist nicht unbedingt ein Zeichen, dass gerade ein komisches Ereignis stattfindet. Da fällt mir meine Teilnahme an einem Lachyoga-Seminar ein, mit dem bekannten indischen Arzt.

Zugegeben, man kann sich in grundloses Lachen hineinsteigern, es tut körperlich gut und macht die Menschen freundlicher. Der Arzt verkündete salbungsvoll, dass auch er nicht perfekt sei und jeden Tag viel Neues dazulerne. Meine Bemerkung, dass ich in diesem Fall dann lieber morgen wiederkommen wolle, erntete nicht das geringste Lachen.

Humor ist nicht zwangsläufig an Lachen gebunden, sondern eine Weltanschauung.

Die Autoironie ist das Geschenk des jüdischen Witzes an die Weisheit der Menschheit. Denn diese Fähigkeit zur Selbstkritik ist auch ein Merkmal des gesamten jüdischen Schrifttums. Es gibt nichts, über das man nicht diskutieren könnte, ja sogar müsste! So natürlich auch über das Essen.

*Mitten ins Nachtmahl bei der Familie Kohn platzt unangemeldet Blau herein. »Kommen Sie, essen Sie doch etwas mit uns, wir sind gerade bei Leberpastete als Vorspeise.«*

*»Sehr nett, wirklich nicht, das ist nicht notwendig«, sagt er und nimmt sich ein großes Stück auf seinen*

*schnell herbeigeschafften Teller. Die Hauptspeise, Gansl, wird serviert.*

*Die Hausfrau: »Ein Stückerl Gansl, Herr Blau?«*

*»Nein, nein, wirklich nicht, danke schön.«*

*»Aber ein kleines Stückchen!«*

*»Na, gut, ein kleines Stückerl!« Er isst eine ganze Brust.*

*Es wird der Kuchen serviert. »Herr Blau, möchten Sie nicht kosten von dem guten Kuchen?«*

*»Nein, sehr nett, wirklich nicht, danke.« Sprichts und verschlingt ein Riesenstück.*

*Als am Schluss der Käse aufgetischt wird, meint Frau Kohn: »Wahrscheinlich wollen Sie vom Käse auch nichts, nehme ich an.« Darauf der Gast: »Sie werden lachen, ein Stückchen Käse koste ich gerne!«*

Viele Psychotherapeuten sehen die Entwicklung des Verständnisses für Ironie vielleicht in einer typischen Kindheitssituation, wenn die Mutter etwa sagt: »Dass du mir heute ja nicht die Zähne putzt!« Dann gerade geht das Kind natürlich sofort ins Badezimmer. Wenn die Mutter dann nachher noch fort fährt »Du schlimmes, schlimmes Kind« zu sagen, dann ist ein Kichern des Kindes Beweis für das erste Verständnis von Ironie. Auch Freud beschäftigte sich mit der Ironie und meinte, sie spare psychische Energie, weil der Widerspruchsaufwand gering ist. Der Hörer einer ironischen Aussage hört immer auch die wahre Meinung heraus. Sehr gehemmte Menschen, die Angst vor Widerspruch haben, können über Ironie nicht lachen und sich dadurch auch nicht den Ambivalenzen stellen.

*Der Rabbi ist zum Essen eingeladen. Die Familie Kohn freut sich einerseits auf den hohen Besuch, andererseits ist der Rabbi bekannt für seinen guten Appetit. Also beschließen sie, die teure Gänseleber erst ganz zum Schluss zu servieren. Der erste Gang … der Rabbi isst wie ein Scheunendrescher … der zweite Gang … der Rabbi nimmt sich zweimal nach vom gefillten Fisch, lehnt sich zurück, ächzt und stöhnt, dass er schon nicht mehr könne und noch nie im Leben so viel gegessen habe.*

*Das ist der Moment, die Gastgeber geben einander ein Zeichen, jetzt kann die Gänseleber serviert werden.*

*»Es tut mir leid, dass Sie nicht mehr können, Rabbi«, sagt die Hausfrau, »meine Leber ist wirklich ausgezeichnet.«*

*»Na, dann muss ich sie schon probieren«, sagt der Rabbi und verdrückt ein Riesenstück.*

*»Wie ist das möglich, gerade haben Sie noch gesagt,*

*Sie können keinen Bissen mehr runterkriegen und jetzt das große Stück fetter Gänseleber?«*

*Worauf der Rabbi antwortet: »Stellen Sie sich vor, es ist Schabbes, die Synagoge ist zum Bersten gefüllt, kein Mensch hat mehr Platz. Auf einmal kommt der Rabbi – und es wird sich bilden a Gass!«*

Freud meint, der Lustgewinn im Humor sei vor allem die Abreaktion von geistiger, nervöser und allgemein psychischer Energie. Wie auch immer diese aussieht. Viele Witze, die man ganz locker in Gesellschaft erzählen kann, wären in einer nicht humorvollen Kommunikation gesellschaftlich schockierend. So hilft uns der Humor, und das trifft auf mich in besonderem Maße zu, sich über Konventionen nicht nur hinwegzusetzen, sondern sich auch über sie lustig zu machen, ohne dabei sozial allzu sehr anzuecken. Eine häufige Notwendigkeit im jüdischen Leben als Minderheit.

*Manchmal ist der Gottesdienst für viele auch ein wenig langweilig, deshalb schläft Kohn wie viele andere auch ein. Den Rabbi ärgert das und er sagt: »Was ist, red ich umsonst?« Kohn erwacht und ruft. »Wo gibt es Rettich umsonst?«*

Im gutbürgerlichen Haushalt meines Vaters wurde jede Woche eine Torte gebacken und in der Speisekammer für das Wochenende aufgehoben. Die drei Brüder fanden aber heraus, dass sich so eine glasierte Torte wunderbar aushöhlen ließ. Nach dem Aufschneiden einer so traktierten Torte am Mittagstisch regnete es natürlich Watschen. Von gewaltfreier Erziehung war damals noch nicht oft die Rede.

Leider verbinde ich nicht nur lustige Geschichten mit dem Essen. Ich kann bis heute keine Kartoffeln schälen, ohne daran zu denken, dass mein Onkel, damals sechzehnjährig, im KZ erschlagen wurde, weil er aus dem Müll Erdäpfelschalen zum Essen herausfischen wollte. Zwei, drei Tage vor der Befreiung. Meinem Großvater wurde diese Geschichte niemals erzählt, er glaubte bis zu seinem Tod, dass Peter gleich zu Beginn des Krieges erschossen worden war.

Diese Empathie meiner Eltern war nach den Schrecken des Konzentrationslagers deshalb noch möglich, weil ihre ersten drei Kindheitsjahre von Zuwendung, Liebe und Wertschätzung geprägt waren.

Eine Freundin von mir brachte gerne Schokolade zu ihren Freunden in die damalige kommunistische Tschechoslowakei. In der Nacht hörte sie das Geraschel, und als in der Früh keine Schokolade mehr zu finden war, fragte sie, ob sie denn auch geschmeckt hätte. Die lakonische Antwort: »Viel zu sieß!«

*Nachtzug zwischen Cernowitz und Lemberg. Es ist sehr heiß, Herr Kohn jammert ununterbrochen:*

*»Oj, hab ich einen furchtbaren Durst! – Gott, hab ich Durst! – Einen Durst hab ich ! Ach, wenn ...«*

*So geht es stundenlang, niemand kann schlafen. Der Zug hält an, eine Frau am Perron verkauft Wasser. Die Passagiere sammeln, kaufen Wasser für Kohn. Der Zug fährt wieder los. Kohn trinkt die Flasche aus, lehnt sich zurück und beginnt eine neue Litanei:*

*»Oj, hab ich einen furchtbaren Durst gehabt! Hab ich einen Durst gehabt! So einen schrecklichen Durst hab ich gehabt!«*

Manchen Kindheitserinnerungen entkommt man auch in der Emigration im fernen Australien nicht. Arthur, ein Freund meines Vaters, kaufte sich bei ihm immer Sakkos und Anzüge, wenn er in Wien war. Da die Reparaturen aber meistens länger dauerten als der Europa-Aufenthalt, wurden die Kleidungsstücke nachgeschickt. Es gab eine Bedingung: Alle Taschen sämtlicher Kleidungsstücke mussten mit Maggi-Packerlsuppen gefüllt werden!

# 5.
# Emigration und Assimilation

Was hat man in der Schule gelernt, Englisch? Kaum, eher noch Französisch. Auf einmal haben sie sich zurechtfinden müssen, diejenigen, denen es gelungen war, den Nazis zu entfliehen, dem Tod zu entfliehen, der ja bekanntlich ein Meister aus Deutschland ist. Zurechtfinden in Ländern, von denen sie höchstens in der Schule gehört hatten. Denn Reisen war in der Zwischenkriegszeit nicht so üblich wie heute. Es gab die Sommerfrische. So übersiedelte die ganze Familie meines Vaters im Sommer nach Bad Vöslau. Alle Leute und der meiste Hausrat. Gemütlich. Aber mit einem Koffer nach England, nach Amerika, zusammengepfercht auf einem Schiff, das erste Mal im Leben? Das war weniger gemütlich. Und trotzdem oder gerade deshalb: Eine Unzahl von Witzen beschäftigt sich mit dem Leben in der Emigration. Beginnen wir mit der Einwanderung:

*Auf seinem Spaziergang durch New York entdeckt Blau ein Geschäftsportal mit der Aufschrift: Moische Kohn, chinesische Putzerei. Neugierig tritt er ein. Ein freundlicher Chinese begrüßt ihn und fragt nach seinen Wünschen. »Sind Sie Herr Kohn?«*

*»Ja, das bin ich.«*

*»Sind Sie Jude?«*

*»Nein.«*

*»Wieso heißen Sie dann Moische Kohn?«*

*»Das war so: Bei der Einwanderung auf Long Island ging die Abfertigung rasch; der Mann vor mir wurde nach seinem Namen gefragt; er sagte Moische Kohn, dann kam gleich ich dran und sagte: Sem Sing. So kam ich zu dem Namen meines Vorgängers!«*

Die Stärke des jüdischen Witzes ist, dass er klar ausspricht, was sich latente Antisemiten vielleicht denken. Die Autoironie, die die eigenen Fehler und Schwächen so sehr aufs Korn nimmt, ermöglicht, sich selbst stark zu fühlen und den Schmerz, den ein anderer zufügen könnte, abzuwehren.

Man sagt, der Schrei des jüdischen Witzes sei der Schrei nach Freiheit. Scheinbar akzeptiert der jüdische Witz die Niederlage, aber in Wirklichkeit demonstriert er natürlich durch seine Fähigkeit zur erbarmungslosen Selbstkritik Stärke.

Manchmal kann das allerdings schon ganz schön schwer fallen:

*Frau Blau, nach London emigriert, kommt völlig aufgelöst und weinend vom Einkaufen zurück und sagt ihrem Mann: »Stell dir vor, hier sind sie genau solche Antisemiten wie bei uns.«*

*»Wieso?«*

*»Bin ich am Markt beim Obststand und verlange Orangen, worauf mich die Verkäuferin fragt: For juice (jews)? Ich sag ja und sie gibt mir die kleinen.«*

Viele Juden haben sich gut im Ausland zurechtfinden können, manche gar nicht. Mein Großvater zum Beispiel hat die Hitze und den Schmutz im damaligen Palästina nicht ertragen und niemals Fuß gefasst. So wenig, dass er nach seiner Rückkehr nach Wien und nach der Mitteilung über die Ermordung seiner Frau Wilma sofort eine Sudetendeutsche namens Rumschisky ins Haus geholt und später, im Alter von siebzig Jahren, geheiratet hat. Bis heute, fünfundvierzig Jahre nach deren Tod, weiß ich ihren Vornamen nicht, so verhasst war sie in unserer Familie.

Einstein soll gesagt haben: »Werde ich mit meiner Theorie recht behalten, dann werden die Deutschen sagen, ich sei Deutscher, und die Franzosen, ich sei Weltbürger. Werde ich unrecht behalten, dann werden die Franzosen behaupten, ich sei Deutscher, und die Deutschen, ich sei Jude.«

Bekanntlich ist ja einigen Millionen die Emigration nicht gelungen, wovon auch folgende Szene am Deportationsbahnhof erzählt:

*Der SS-Mann gibt sich jovial und sagt zu einem alten Juden: »Wenn du erraten kannst, welches meiner beiden Augen ein Glasauge ist, dann schenke ich dir die Freiheit.«*

*Der alte Mann schaut ihn an, überlegt ein bisschen und sagt dann: »Das rechte!«*

*»Unglaublich, das hat noch niemand erraten. Woran hast du das erkannt?«*

*Die Antwort: »Es schaut so gütig!«*

Sich an fremde Kulturen und deren Kulturgüter zu gewöhnen, war auch für folgende Herren nicht leicht:

*Kohn und Blau besuchen das Museum in Nizza. »Wunderscheen dieses Porträt«, sagt Kohn.*

*»Was heißt Porträt, das ist ein Landschaftsbild!«*

*»Bist du blind? Das ist ein Porträt!«*

*»Nein, schau doch hin, es ist ein Landschaftsbild.«*
*»So, ein Blödsinn, natürlich ist es ein Porträt, da steht doch: Mandelbaum an der Riviera.«*

Für niemanden war es leicht, Fuß zu fassen, aber manchen gelang es schneller:

*Kohn hatte Glück und eröffnete einen Würstelstand in London gleich neben dem Hauptgebäude der Bank of England. Zufällig kommt Blau vorbei, die alten Bekannten begrüßen einander überschwänglich. Dann erzählt Blau, wie schlecht es ihm geht, dass er nirgends Arbeit findet, und er fragt Kohn, ob er ihm nicht hundert Pfund borgen könne. Dieser antwortet: »Nein, das kann ich leider nicht, denn ich hab a Gentlemen's Agreement mit der Bank of England.«*
*»Was heißt, du hast a Gentlemen's Agreement?«*
*»No, ich verborg ka Geld, und sie verkaufen keine Würstel.«*

Viele Juden hat es noch viel weiter weg verschlagen, bis Shanghai. Der von mir sehr verehrte Psychotherapeut und Philosophieprofessor Kurt Rudolf Fischer war zum Beispiel in der Emigration Boxchampion.

Aber nicht nur mit Boxen konnte man dort sein

Geld machen, auch mit Geschäften wie der Herr Kohn:

*Bei einem Spaziergang am Strand von Shanghai trifft Blau den elegant gekleideten Kohn. Das Wasser geht weit ans Ufer, denn es herrscht Flut.*

*»Respekt!, bist du aber elegant, was arbeitest du denn?«*

*»Ich hab eine Geschäftslücke entdeckt: Ich verkaufe reichen Chinesen Meerwasser für ihre Pools!«*

*Am nächsten Morgen geht Blau wieder am Strand spazieren, es ist Ebbe und er denkt: »Ui, muss der Kohn gestern a Geschäft gemacht haben!«*

Meine Mutter pflegte zu sagen: »Serchel* is ka Handelsware!« Wie recht sie damit hatte, habe ich im Laufe meines Lebens öfter erfahren.

*Herr Grün hingegen ist mit Truthahnkonserven ein reicher Mann geworden. »Wie ist das möglich?«, fragt Blau.*

*»No ganz einfach, fifty-fifty.«*

*»Was heißt fifty-fifty?«*

*»No, a Truthahn, a Pferd!«*

Eine der ersten Anlaufstellen für Juden in der Emigration waren jüdische Vereine oder Synagogen. Dort trafen sie nicht nur auf Vertrautes, sondern immer wieder auch auf Überraschendes. So etwa in Kaifeng, in China, wo eine jahrhundertealte chinesisch-jüdische Gemeinde existierte.

*Herr Kohn geht nach seiner Flucht das erste Mal in Kaifeng in die Synagoge. Sie ist voll mit Chinesen. Nach dem Gottesdienst kommt einer der Chinesen auf ihn zu und fragt ihn: »Are you jewish?«*

*»Yes, of course.«*

*»Strange, you don't look like!«*

Das Überleben in der Emigration hing immer wieder auch von der Assimilationsfähigkeit der Flüchtlinge ab, wobei diese Anpassung natürlich im Spannungsfeld mit der eigenen kulturellen und religiösen Identität stand:

*George Levy, ein erfolgreicher New Yorker Anwalt, ruft seine Mutter in Haifa an. »Mein Liebling, wie geht es dir denn mit der vielen Arbeit? Isst du auch genug? Vor allem, isst du koscher?«*

*»Nein Mammi, das geht sich nicht immer aus, manchmal gehe ich schnell runter zu McDonald's!«*

*»Aber am Schabbes arbeitest du nicht?«*

*»Na ja, manchmal lässt sich das einfach nicht vermeiden.«*

*»Sag einmal, aber beschnitten bist du schon noch?«*

Camus sagt, die Fantasie tröstet die Menschen über das hinweg, was sie nicht sein können, und der Humor über das, was sie tatsächlich sind.

*Kohn geht in New York das erste Mal in das von seinem Freund Blau neu eröffnete koschere Restaurant. Er isst sehr gut und wird von einem chinesischen Ober bestens bedient, der auch noch sehr gut Jiddisch spricht. Deshalb fragt Kohn den Blau: »Sag, einmal, wieso spricht der Chinese so gut Jiddisch?«*

*»Psst«, sagt Blau, »er glaubt, er lernt Englisch!«*

Humor ist keine Stimmung, sondern eine Weltanschauung, meint Wittgenstein und hat damit, was den jüdischen Humor und Witz betrifft, wohl zu hundert Prozent recht.

Freud sagt: Ein für den tendenziösen Witz besonders günstiger Fall wird hergestellt, wenn die beabsichtigte Kritik der Auflehnung sich gegen die eigene Person richtet, vorsichtiger ausgedrückt, gegen eine Person, an der die eigene Anteil hat, eine

Sammelperson also, wie zum Beispiel das eigene Volk.

*Ein Chinese und ein Jude auf einer Parkbank im Central Park. Wir schreiben das Jahr 2000. Der Chinese fragt den Juden: »Warum trägst du diese Peikeles*?«*

*»Schau, das ist Tradition, mein Großvater hatte welche, mein Vater hatte welche, also trage ich sie auch.«*

*»Aber, du bist doch ein moderner Mensch wie ich! Mein Großvater und mein Vater haben auch noch einen Zopf getragen, aber ich tu das nicht mehr.«*

*»No, is denn a Zopf scheen?«*

*

*Auf einer Parkbank sitzen ein Chinese und ein Jude.*

*Plötzlich gibt der Jude seinem Nachbarn eine schallende Ohrfeige und schreit dabei: »Das ist für Pearl Harbor!«*

*»Aber das waren doch die Japaner!«*

*»Egal, Japaner, Chinesen …«*

*Da haut der Chinese dem Juden eine ins Gesicht und schreit: »Und das ist für den Untergang der Titanic!«*

*»Aber das war doch a Eisberg!«*
*»Egal, Eisberg, Goldberg, Rosenberg …«*

Ein Postulat in der Gruppenpsychotherapie ist das Vermeiden von Verallgemeinerungen. Nie ist etwas für alle gültig!

*Im Jahre 1938 sitzen einander in der New Yorker U-Bahn zwei gerade eingewanderte deutsche Juden gegenüber. Der eine liest den »Stürmer«, das schreckliche Hetzblatt. Der andere liest die linkszionistische jüdische Zeitung, den »Forvertz«, wobei er allmählich immer erregter wird.*

*Endlich fragt er seinen Landsmann: »Wieso lesen Sie dieses furchtbare Blatt? Es ist nur reiner Antisemitismus, Judenhatz!«*

*Der erste Jude blickt vor sich hin. Dann sagt er: »Schauen Sie. Was steht in Ihrer Zeitung? Überall sind die Juden Flüchtlinge. Man verfolgt uns. Man wirft Steine und Bomben in die Synagogen. Da lob ich mir die Nazi-Zeitung, denn sie ist zuversichtlicher. Wir besitzen die Banken! Wir besitzen die großen Firmen! Wir beherrschen die Welt!«*

Die New Yorker U-Bahn ist für so manchen Witz die richtige Kulisse.

*Herr Kohn beobachtet sein Visavis, einen jungen Schwarzen, der eine jüdische Zeitung liest. Nach kurzer Zeit hält er es nicht mehr aus und fragt: »Sagen Sie, schwarz allein genügt Ihnen nicht?«*

Eine provokante Frage, doch kann man gleichzeitig, wenn mit Empathie ausgesprochen, diesen im wahrsten Sinne des Wortes schwarzen Humor auch als Ausdruck sprachlicher Wärme, Sorge, positiver Aufmerksamkeit und Mitgefühl verstehen.

So eine humoristische Verschiebung kann man laut Freud als Abwehrvorgang betrachten. Der psychische Abwehrvorgang ist vergleichbar mit dem Fluchtreflex. Auch er ist bestrebt, Angst und Unlust zu vermeiden. Allerdings handelt es sich dabei nicht um eine Gefahr von außen, sondern um eine von innen.

Nicht nur wegen der Nazis mussten viele Juden ihre Heimat verlassen, auch aus der Sowjetunion gab es zu allen Zeiten einen regen Strom von Auswanderern. Während Palästina nach Bauern und Handwerkern dürstete, handelte es sich bei diesen Auswanderern überwiegend um Intellektuelle und Künstler:

*Ein jüdisch-tschechischer Karikaturist beantwortete die Frage, ob er gern Sport betreibe, folgendermaßen: »Nein, no will ich nicht sterben verschwitzt!«*

*

*Wenn ein Jude in Tel Aviv aus Moskau kommend aus dem Flugzeug steigt und keinen Geigenkasten in der Hand hat – was ist er dann? Ein Pianist!*

*

*Manche Bürger der Sowjetunion konnten ihre Familie in Israel besuchen. Für die Zeit nach der Rückkehr vereinbarten sie, einander zu schreiben und dabei Codes zu verwenden. Mit blauer Tinte, wenn alles in Ordnung war, mit grüner, wenn es ihnen schlecht ging. So kommt folgender Brief mit blauer Tinte geschrieben aus Moskau bei Levis an:*

*»Lieber Onkel und liebe Tante! Es geht uns allen hier ausgezeichnet. Das Wetter ist schön und die Kinder gehen gern in die Schule. Man kann alles kaufen, was man will, außer vielleicht grüne Tinte.«*

*

*Ein Jude wird im kommunistischen Polen verhört: »Sie haben Verwandte im Ausland?«*

*»Nein.«*

*»Was heißt: nein? Und wer ist David Cohn in Tel Aviv?«*

*»Das ist mein Bruder.«*

*»Wer ist Chaia Goldbaum in Haifa?«*

*»Das ist meine Schwester.«*

*»Zum Donnerwetter, ich frage nun nochmals: Haben Sie Verwandte im Ausland, ja oder nein?«*

*»Nein, bestimmt nicht! Von der ganzen Familie bin ich der Einzige, der im Ausland lebt.«*

Auch als der Schrecken des Nationalsozialismus und der Krieg vorüber waren, hatten es Juden in Österreich nicht immer leicht:

*1950 kommt Kohn aus London nach Wien zurück. Angekommen am Westbahnhof, muss er dringend auf die Toilette, also fragt er einen Mann: »Waren Sie ein Nazi?« – »Nein, nie im Leben war ich ein Nazi, wie kommen Sie denn darauf!«*

*Kohn geht weiter, fragt den nächsten: »Waren Sie ein Nazi?« – »Ich, nie, wir haben sogar Juden versteckt!«*

*Kohn geht weiter und fragt den dritten: »Waren Sie*

*ein Nazi?« – »Ja, ich war einer, ich bin einer und ich werde immer ein Nazi bleiben!«*

*»Endlich a ehrlicher Mensch! Bitte passen Sie mir kurz auf meinen Koffer auf!«*

Ein geflügeltes Wort in unserer Familie hat folgenden Ursprung. Mein Vater arbeitete nach dem Krieg als Chauffeur für die Amerikaner (zunächst ohne Führerschein). Er führte häufig einen General zu seinem Liebchen nach Hernals. Der Amerikaner rief dann von der Straße zum Fenster des Fräuleins hinauf, sie möge doch herunterkommen. Die Antwort, die als geflügeltes Wort in unserer Familie überlebte, war: »Kusch, darling!« Darauf der General: »Isn't she sweet?«

*Die im Krieg zu Geld gekommene Witwe Frau Huber macht eine große Einladung. Da aber nur wenige österreichische Männer zur Verfügung stehen, ruft sie bei den Amerikanern an und bittet, ob die ihr nicht für ihr Fest fünf, sechs Männer schicken könnten. Sie betont aber, dass es auf keinen Fall Juden sein sollen.*

*Es ist Abend, das Fest hat begonnen, es läutet, sie macht auf und vor der Tür stehen die GIs: fünf große schwarze Männer. Entsetzt starrt sie sie an und sagt: »Das muss ein Irrtum sein!«*

*Darauf ein Soldat: »Nein, General Kohn irrt sich nie!«*

*

*In den Fünfzigern bewirbt sich Kohn als Radiosprecher. Nach dem Vorstellungstermin fragt ihn sein Freund aufgeregt, ob er denn den Job bekommen habe. »N…n…n…neeiiin, a…a…all…les A…a…a…annn…tiss…semm…mitten!«, stottert er.*

Bei uns in Wien sagt man: Schuld sind die Juden und die Radlfahrer. Antwort darauf: Wieso die Radlfahrer?

# 6.
# Religion, Kunst, Kultur und Lebensart

Ich habe einmal gelesen, dass jüdische Theologen sagen, es sei leichter, Gott durch das zu erklären, was er nicht ist, als durch das, was er ist. Diese Aussage hat auch für den jüdischen Humor ihre Gültigkeit, denn er ist nicht plump, kein Slapstick, sondern weise, geht nicht auf Schwache los, sondern betrachtet sie mit liebevoller Empathie und macht sich nur ausnahmsweise über andere Nationalitäten und Religionen lustig. Auf alle Fälle ist der jüdische Humor antiautoritär. Denn er ist fast nie auf Seiten der Mächtigen, sondern widmet sich liebevoll den Defiziten der Schwächeren, meistens denen der Juden selbst. Egal ob es sich nun um den einzelnen Juden in seiner Gemeinde oder in einer nicht jüdischen Umwelt oder das ganze Judentum im Verhältnis zur übrigen Welt handelt.

*Herr Kohn und Herr Blau sind auf Urlaub in Rom und wollen sich natürlich auch den Vatikan anschauen. Sie sind begeistert von der Pracht, als auf einmal ein funkelnagelneuer Jaguar vorbei fährt. »Schau dir das an, das herrliche Auto und drinnen sitzt a Pfarrer!«*

*Es vergeht nicht viel Zeit, biegt ein riesiger schwarzer Mercedes ums Eck. »Nicht schlecht der Wagen vom Kardinal!«*

*Und Glück wie sie haben, fährt auch noch der Papst an ihnen vorbei in einem silbernen Royce Rolls. »No, das nenn ich eine Erfolgsgeschichte! Angefangen haben sie mit einem Esel!«*

Große Städte bringen für arme Schtetlbewohner so manche Unklarheit mit sich.

*Herr Itzig ist neu in der Stadt und sucht ganz verzweifelt ein Beschneidungsinstitut, damit sein Letztgeborener beschnitten werden kann. Er irrt durch die Gassen und findet ein kleines Geschäft, vor dem eine Uhr als Firmenzeichen hängt, während an der Tür »Beschneidungsinstitut« zu lesen ist. Er tritt ein und erkundigt sich noch einmal, ob sein Sohn hier beschnitten werden kann. »Ja, freilich«, ist die Antwort.*

*Darauf fragt er, warum denn dann eine Uhr als Firmenzeichen diene. »No, was sonst sollen wir aufhängen?«*

Was befindet sich in der Nähe des Unbewussten? Beziehungsweise was hilft uns, dieses zu entschlüsseln? Es sind zum einen die neurotischen Symptome oder die Tagträume, die Fehlleistungen und ganz sicher auch der Witz.

*Es ist Schabbes – und der Rabbi spielt Golf. Im Himmel ist man empört und beschließt, dass er bestraft werden muss. Der liebe Gott macht eine Handbewegung, und unten auf der Erde, zack, macht der Rabbi ein Hole-in-One.*

*»Bist du messchugge, was soll das für eine Strafe sein?«, wird Gott gerügt. Darauf Er: »Na – und wem kann er das erzählen?«*

*Der junge Russe Mihail ist wie durch ein Wunder zu sehr viel Geld gekommen und hat sich einen Ferrari gekauft. Gleichzeitig ist er aber immer noch beeinflusst von seiner gläubigen Erziehung und geht deshalb zum ältesten Rabbi, um sich sein Auto segnen* *zu lassen. Er sagt: »Rabbi, bitte gib mir a Broche* auf meinen Ferrari!«*

*Worauf der Rabbi antwortet: »Was ist ein Ferrari?«*

*So geht es ihm bei allen strengen Rabbinern, die er aufsucht, bis er zum jüngsten und liberalsten Rabbi der Stadt gelangt und auch ihn bittet: »Rabbi, bitte gib mir a Broche auf meinen Ferrari!«*

*Worauf dieser antwortet: »Was is a Broche?«*

*

*Herr Blau betritt das berühmte Wiener Burgtheater, geht zum Kassenschalter und fragt: »Was spielen sie heute?«*

*»Was Ihr wollt.«*

*»Na gut, soll sein Othello!«*

*

*Neu aus dem Schtetl spaziert das Ehepaar Jakubovic staunend durch Wien. Sie kommen an einem kleinen Geschäft vorbei, in dem Maniküre angeboten wird. »Was machen Sie hier?«*

*»Wir schneiden den Leuten die Fingernägel!«*

*Wenig später sehen sie ein Schild »Pediküre«. Wieder fragen sie, was denn das für ein Geschäft sei.*

*»Wir schneiden den Leuten die Fußnägel.« – »Aha!«*
*Nach einiger Zeit kommt das Paar an der Staatsoper vorbei, auf der ganz groß angekündigt steht: »Walküre« – »Oj, wer weiß, was sie einem da abschneiden!«*

*

*»Stell dir vor, der Mandelbaum hat sich beide Händ gebrochen!« – »Um Gottes willen, mit was redt er jetzt?«*

Die berühmten Jaffa-Orangen haben nicht nur einen guten Ruf, sie geben auch Anlass zur blasphemischen Klage:

*»A Trottel der Moses! Wär er links statt rechts gegangen, hätten die jetzt die Orangen und wir das Erdöl!«*

In Wien gibt es den Begriff der Kaffeehausliteraten. Die meisten von ihnen waren Juden. Warum das so ist? Wenn man im Kaffeehaus ist, ist man nicht zu Hause, aber doch nicht an der frischen Luft!

Eva Menasse hat diesen Stehsatz noch erweitert, wenn sie schreibt, dass in ihrer Familie, wenn von einem Spaziergang die Rede war, sofort einer sagt: *»Ich bin doch ka Reh!«*

Unlängst war ich auf einem Fest eingeladen und habe mich dort mit einer Frau über den beliebten Kurort der Wiener, Payerbach-Reichenau unterhalten. Ich fragte sie, ob sie dort nicht nur ins Theater, sondern auch wandern gingen. Worauf sie antwortete. *»Mit meinem Mann wandern? Der muss bei Wikipedia nachschauen, was des ist.«*

Das erinnert mich an die rührselige Erinnerung meiner Mutter, wenn sie erzählte, dass mein Vater ihr zu Frühlingsbeginn so gerne die blühenden Bäume gezeigt hat – in der Börsegasse (in der Wiener Innenstadt, um's Eck von seinem Geschäft)!

Man weiß von der Natur eben häufig nur so viel, wie ein städtisches Leben notwendig macht:

*Kohn und Blau sind von Geschäftspartnern auf die Jagd eingeladen. So etwas haben sie noch nie gemacht. Da liegen sie also im Gebüsch auf der Lauer, als Kohn plötzlich flüstert: »Schau, dort drüben, ist das nicht a Fuchs?*

*»Mich fragst du? Bin ich der Kürschner oder du?«*

# 7.
# Juden und Christen

Wie schon erwähnt, wird das Charakteristikum der Selbstironie des jüdischen Humors durch die Beschäftigung mit christlichen Sitten und Gebräuchen etwas aufgeweicht. Ist es ein Wunder, wenn man ans Anderl von Rinn denkt?

Einen Meineid zu schwören, ist in jeder Religion eine schwere Sünde.

*Im Schtetl rennt Istvan aufgeregt zum Dorfpolizisten und erzählt, dass im Hinterzimmer des Wirtshauses der katholische Pfarrer, der protestantische Pastor und der Rabbi pokern. Der Polizist macht sich auf den Amtsweg und als die drei hören, wie sich die Tür des Wirtshauses öffnet, lassen sie die Karten verschwinden. Der Polizist tritt ein, hat Angst, so honorige Personen zu durchsuchen, und sagt: »Sie sind alle Männer Gottes, daher frage ich Sie und bitte Sie mir zu schwören, dass Sie nicht gepokert haben!«*

*Der Pfarrer: »Ich schwöre!«*
*Der Pastor: »Ich schwöre!«*
*Der Rabbi: »No, kann man alleine pokern?«*

*

*Grüns ältester Sohn ist, um eine Katholikin heiraten zu können, zum christlichen Glauben konvertiert. Da einem frommen jüdischen Vater nichts Schlimmeres passieren kann, versinkt Grün in tiefe Depression und sperrt sich in seine Kammer ein. Plötzlich geht die Tür auf und ein alter Mann mit weißem Bart tritt ein. Es ist Gott: »Warum weinst du, Grün?«*

*»Soll ich denn nicht weinen, mein Sohn hat sich taufen lassen!«*

*»Aber Grün, meiner doch auch!«*

*»Ja, und was soll ich jetzt machen?«*

*»Mach's wie ich: Mach ein neues Testament!«*

*

*Moische ist ein wirklich sehr schwer erziehbares Kind. Eigentlich überhaupt nicht erziehbar; aus allen jüdischen Schulen ist er schon rausgeflogen, sodass den Eltern nichts anderes mehr überbleibt, als ihn in ein katholisches Internat zu stecken. Dort ist er wie aus-*

*gewechselt: der beste Schüler, immer ganz brav, bei keinem Streich dabei. Weil die Mutter schon beginnt sich Sorgen zu machen, besucht sie ihn in seinem Zimmer im Internat. »Moischele, ja sag einmal, wie kommt es denn, dass du so brav bist?«*

*Worauf der kleine Bub ins Zimmereck zeigt, in dem ein Kruzifix hängt und sagt: »No schau her, was sie mit den Juden machen, die nicht folgen!«*

Aufzuwachsen mit viel Angst vor etwas, was kein Mensch, auch nicht mit noch so viel Intellekt, verstehen kann, ist natürlich eine schwere Bürde. Das Phänomen des Glaubens von irrationalen Dingen – in allen Religionen – ist nach wie vor von großem psychologischen Interesse. Wie schön wäre es gewesen, wenn die Menschheit diese Sehnsucht nach Irrationalem in Kreativität umgewandelt hätte. Und zwar flächendeckend!

*Einmal bleibt Moische während des katholischen Religionsunterrichts in der Klasse sitzen. Der Lehrer fragt: »Wer kann mir sagen, was das ist, es ist klein, braun mit einem buschigen Schwanz und hüpft von Baum zu Baum?«*

*Weil niemand Antwort gibt, wird Moische aufgerufen, der die Hand gehoben hat.*

*»No, Moische, weißt du die Antwort?«*

*»Ich würde ja sagen a Eichkatzerl, aber wie ich Sie kenne, ist es wahrscheinlich das Jesukindlein!«*

*

*Ein anderes Mal geht der kleine Moische mit seinem Vater in der Wiener Innenstadt spazieren; sie kommen am Stephansdom vorbei. »Papa, was ist das für ein großes Gebäude?«*

*»Eine Kirche, mein Sohn.«*

*»Was ist eine Kirche?«*

*»Da wohnt der Gott der Christen!«*

*»Ich hab geglaubt, der wohnt im Himmel.«*

*»Ja, du hast recht, er wohnt im Himmel, aber des da ist sein Geschäft.«*

*

*Einmal auf Sommerfrische schaut der kleine Moische einer Prozession zu. An deren Spitze geht der Pfarrer mit dem Weihrauchkessel. Als aufgewecktes, aber doch zur Ängstlichkeit erzogenes Kind, läuft Moische zu dem Pfarrer und ruft aufgeregt: »Gnädige Frau, Ihr Handtaschl brennt!«*

Meine von Praterausflügen mit dem Opa verwöhnte dreijährige Tochter reagierte beim ersten Besuch des Stephansdoms folgendermaßen: Sie schaute sich genau um und murmelte dann: »Grottenbahn«.

Fest steht übrigens, dass auch Christen gerne gute Geschäfte machen:

*Eine amerikanische Werbeagentur hat die Idee des Jahrhunderts! Sie engagiert Jesus, damit er Reklame für Swimmingpools macht, indem er einfach über das Wasser geht. Das gesamte Personal ist versammelt, Klappe, es geht los! Jesus macht den ersten Schritt, zack, und geht unter. Große Aufregung:*

*»Was ist los, Sie haben doch schon einen ganzen See zu Fuß überquert?«*

*»Ja, aber da habe ich noch keine Löcher in den Füßen gehabt!«*

Aber die Geldgier kann einen noch weiter treiben:

*Der Firma Nägel-Meier geht es nicht sehr gut; also beauftragt der Chef eine Werbeagentur, um das Geschäft wieder anzukurbeln. Ganz entsetzt sieht er auf jeder Plakatwand den gekreuzigten Christus und darunter die Aufschrift: »Meier-Nägel halten ewig!«*

*Wütend geht Herr Meier in die Werbeagentur, beschwert sich über den blasphemischen Charakter dieser Werbung und verlangt sofort eine neue Idee. In der nächsten Woche ziert folgendes Plakat die Wände der Stadt: Ein leeres Holzkreuz, Christus, der darunter liegt und der Slogan: »Mit Meier-Nägeln wäre das nicht passiert!«*

Zugegeben, die Warterei auf den Messias kann sich schon in die Länge ziehen, aber irgendwie hat sie doch etwas Menschlicheres an sich als die Darstellung eines zu Tode Gemarterten.

*Moische fragt seinen Vater, warum Christus denn eigentlich gekreuzigt und nicht ertränkt worden sei. Die Antwort: »No, stell dir vor, wie das ausschaut, in jeder Kirche ein Aquarium!«*

Wir leben in einer Zeit der Diäten. Der schlanke Körper frei jeglicher Unverträglichkeiten – Laktose, Fructose, Weizen – und Allergien, gestählt und scheinbar unsterblich, ist das Ziel der Moderne. Schweinefleisch ist verpönt, ungesund und cholesterinsteigernd. Nichts Neues!

*Der Pfarrer fragt einen Rabbi: »Rabbi, wann werden Sie endlich Schweinefleisch essen?«*

*Die Antwort: »Bei Ihrer Hochzeit, Hochwürden!«*

Die strengen Essenvorschriften machen aber nicht nur den Juden Probleme:

*In einem kleinen Dorf gibt es freitags immer ein Problem, wenn der zugewanderte Jude sein Steak grillt, während die Katholiken sich mit Fisch begnügen müssen. Sie halten das kaum mehr aus und bitten den Juden, sich taufen zu lassen, damit sie der gute Fleischgeruch nicht sündigen lässt. Er willigt ein, wird mit Weihwasser und folgenden Worten getauft: »Geboren als Jude, aufgewachsen als Jude, jetzt ein getaufter Katholik.«*

*Nächsten Freitag dasselbe. Steakduft im ganzen Ort; verärgert laufen die Katholiken zum Garten des Juden. Der steht dort vor seinem Griller, besprenkelt das Fleisch mit Wasser und sagt: »Geboren als Kuh, aufgewachsen als Kuh, jetzt ein Fisch!«*

Die Juden meinen, es sei Sünde, eine reife Frucht am Baum zu lassen; die Christen geißeln sich, was folgender Witz virtuos auflöst:

*Kohn stirbt und kommt zum Hölleneingang. Er läutet. Aufgemacht wird die Tür vom Teufel höchstpersönlich, der in einem eleganten weißen Dinnerjacket steckt und Kohn hereinbittet. Eine prachtvolle Halle liegt vor ihm, rechts davon sieht man einen Speisesaal voll eleganter Menschen. Der Teufel führt ihn weiter und sagt: »Hier haben wir unser Kaffeehaus mit Zeitungen und Mehlspeisen aus aller Welt und wenn Sie rechts vorne schauen, gibt es auch ein Spielzimmer. Hier wird Roulette, Blackjack und Bridge gespielt.«*

*Kohn ist begeistert, dann sieht er noch eine Tür und fragt: »Und was ist hinter dieser Tür?«*

*»Nichts, nichts von Interesse«, sagt der Teufel.*

*»Aber ich will es sehen!«*

*Widerwillig öffnet Satan die Tür und es kommt unendlicher Schwefelgestank heraus, nackte Leiber winden sich brüllend vor Schmerzen. Erschrocken fragt Kohn, was denn da los sei.*

*»Was soll ich machen, die Christen wollen das so!«, erklärt der Teufel.*

# 8.
# Krankheit und Tod

Die Psychoanalytikerin Janine Chasseguet-Smirgel meint, dass es das größte Verdienst des Humors ist, den Terror vor dem Liebesverlust zu bannen. Ich würde noch weiter gehen und dem Liebesverlust auch noch die Todesangst hinzufügen. Der Humor, die Witze helfen uns also, mit der einzigen Gewissheit des Lebens, nämlich dem Tod, einigermaßen und kurzfristig fertig zu werden.

Bei hypochondrischen Patienten ist eine meiner Lieblingsfragen: »Für wie wahrscheinlich halten Sie es, dass Sie mit dreißig Jahren innerhalb von zwei Tagen Lungenkrebs, Schlaganfall, Herzinfarkt und Darmkrebs haben können?« Viktor Frankl lässt seine agoraphobischen Patienten vor dem Verlassen des Hauses sagen: »Heute geh ich einmal aus, um mich vom Schlag treffen zu lassen!«

Die Hypochondrie ist fast wie der Humor kein Monopol, aber ein Charakteristikum der Juden.

Aber zum Glück auch ein guter Grund, Witze darüber zu machen.

Das Ziel von Viktor Frankls Logotherapie ist, verkürzt gesprochen, eine Selbstdistanzierung und somit auch eine Distanzierung von den eigenen Problemen. Um eine solche leichter zu erreichen, eignet sich ein humorvoller Zugang zu den eigenen Problemen ganz vorzüglich.

Wie der Humorist Victor Borge sagt: Ein Lachen ist die kürzeste Distanz zwischen zwei Menschen. Wenn man bedenkt, dass das Lachen von Physiologen ähnlich eingestuft wird wie ein Orgasmus, dann kann an dieser Aussage schon etwas Wahres dran sein. Fähig sein, über etwas zu lachen, bedeutet, eine neue Perspektive zuzulassen. Und das ist ja auch das Ziel jeder Psychotherapie. Das Lachen der Patienten über ihre Phobien, Panikattacken und Depressionen – was natürlich letztendlich bedeutet, das Lachen über die Unfähigkeit, den Tod unter Kontrolle zu kriegen – ist ein schwieriges, aber nicht unmögliches Unterfangen.

*Was macht ein Katholik, wenn er Durst hat? Er trinkt etwas. Was macht ein Protestant, wenn er Durst hat? Er trinkt etwas. Was macht ein Jude, wenn er Durst hat? Er lässt sich auf Diabetes untersuchen.*

Favorite joke = favorite anxiety, sagen amerikanische Psychiater. Der Witz als Indikator für verborgene Ängste kann somit in der Folge therapeutisch wirksam sein.

Wovor haben wir Menschen die meiste Angst? Genau vor dem Einzigen, was zu hundert Prozent Gewissheit ist. Dem Tod! So plagen sich Philosophen, Theologen, Psychologen, Schriftsteller, Musiker und so weiter seit Tausenden von Jahren, diese Angst zu bannen. Vergebliche Liebesmüh!

Was hilft? Der Humor! Allerdings auch der nur begrenzt!

Man kann über Witze genauso frei assoziieren wie über Träume. Ein höherer Humorlevel bedeutet auch eine positivere Selbstwahrnehmung. Und das Schöne daran, es gibt keine Altersbeschränkung; sogar mit Alzheimerpatienten werden Erfolge durch Lachtherapien berichtet.

*Eine israelische Ärztedelegation besucht ein berühmtes Krankenhaus in New York. Auf der neurologischen Station kommen sie in ein Zimmer, in dem ein Mann im Bett liegt und heftigst masturbiert. »Was ist denn hier los, um Himmels willen?« – »Eine bestimmte Hirnregion ist verletzt und führt zu diesem Verhalten. Und wir lassen es zu.« – »Aha!«*

*Zwei Minuten später kommen sie an einem Zimmer vorbei, in dem ein Mann im Bett liegt und von einer Krankenschwester oral befriedigt wird. »Und das, was ist denn das hier?«, fragt entsetzt eine israelische Ärztin.*

*»Dieselbe Hirnverletzung, nur ist er besser versichert!«, antwortet der amerikanische Arzt.*

Man kann den diversen Witzthemen verschiedene Persönlichkeitsmerkmale oder Diagnosen unterstellen. So neigen Hysteriker eher dazu, Witze über Sexualität und Liebe mit inzestuösen und ödipalen Inhalten als besonders lustig zu empfinden. Leidet jemand an Zwängen, wird er eher über Witze lachen, die den Konflikt zwischen Ich und Über-Ich zum Thema haben.

Natürlich befinden wir uns bei dieser Thematik auf schwankendem Boden, aber was ist schon sicher im Leben? Die Tragödie des Menschen, es kann nicht oft genug erwähnt werden, ist doch, dass das einzig Gewisse genau das Einzige ist, vor dem wir uns wirklich zu Tode fürchten.

Jeder findet die Idee vom eigenen Tod und dem geliebter Menschen ungerecht. Extrem ungerecht aber war es für Moische Itzig.

*Nachdem Itzig monatelang Gott angefleht hat, er möge ihn doch im Lotto gewinnen lassen, war es dann endlich wirklich so weit. Überglücklich geht Itzig sofort ins nächste Kaufhaus und kleidet sich von Kopf bis Fuß neu ein. Stolz marschiert er mit neuem Anzug, Hemd und Hut auf die Straße, da kommt ganz plötzlich ein Auto, fährt ihn nieder – und er ist auf der Stelle tot. Im Himmel angekommen, fragt er Gott wütend: »Wie ist das möglich, du erfüllst mir meinen größten Wunsch und eine halbe Stunde später lässt du mich sterben?« Darauf Gott: »Entschuldige, ich hab dich nicht erkannt!«*

*

*Moische betet: »Herr, mach dass ich gewinn die Lotterie!« – Nichts geschieht. Das wiederholt er einige Wochen. Nach zwei Monaten tut sich plötzlich der Himmel auf und eine mächtige Stimme erschallt: »David, gib mir a Chance, kauf dir a Los!«*

*

*»Wieso gehst du nicht zum Begräbnis vom Blau?« – »No, wird er zu meinem kommen?«*

Gegen diese Logik ist nichts einzuwenden, vor allem nicht von jemandem, der wie ich glaubt, dass das Vermeiden von Friedhofsbesuchen signifikant das eigene Leben verlängert.

*Kurz bevor Samuel Kohn sterben muss, ruft er nach einem katholischen Priester. Alle sind bestürzt, aber es ist sein letzter Wunsch und so holt man einen Pfarrer. Samuel wünscht sich auch noch, getauft zu werden, der Priester führt die Zeremonie sofort durch. Danach fragen ihn alle: »Samuel, was soll das, bist du meschugge?«*

*Darauf antwortet Samuel »Wenn schon einer sterben muss, soll's wenigstens einer von ihnen sein!«*

Da ich vorhabe, noch sehr lange zu arbeiten, tut mir jene Patientin jetzt schon sehr leid, bei der ich tot vom Sessel fallen werde. Ich entschuldige mich im Vorhinein!

*Der Arzt untersucht Frau Kohn und sagt dann in einem Vieraugengespräch zu ihrem Mann: »Ihre Frau gefällt mir gar nicht!« Darauf Herr Kohn: »No mir schon lange nicht!«*

Nicht nur die Witze selbst, auch deren Vergessen gibt Aufschluss über Unbewusstes. Manchmal ist selbst das Nicht-verstehen-Können von Witzen aufschlussreich.

*Itzig Diamant ist im Café während des Kartenspiels plötzlich tot zusammengebrochen. Es herrscht große Verlegenheit. Wer soll der Frau die Nachricht bringen? Schließlich erklärt sich einer bereit, es ihr schonend beizubringen. Er geht hin und läutet. Sie öffnet. »Guten Tag, Frau Diamant. Ich komme eben aus dem Stammcafé Ihres Gatten.«*

*»Der Lump sitzt sicher dort und spielt Karten.«*

*»Jawohl, er sitzt dort und spielt Karten.«*

*»Am Ende hat er wieder verspielt.«*

*»Ich fürchte, er hat wirklich verspielt.«*

*»Bestimmt hat er sehr viel verspielt.«*

*»So ist es, er hat sehr viel verspielt.«*

*»Der Schlag soll ihn treffen!«*

*»Ihr Wort in Gottes Ohr: Ist schon geschehen!«*

*

*Herr Blau liegt im Sterben. Mit schwacher Stimme sagt er zu seiner Frau: »Saraleben, zieh dir doch bitte das schöne rote Kleid an!« Sie tut es.*

*»Komm, bitte mach dir deine schwarzen Haare auf und lass sie dir über die Schultern fließen!« Sie tut es.*

*»Meine Liebe, komm, nimm dir noch die Perlenkette um, die ich dir geschenkt habe!«*

*Sie tut es und fragt: »Mein Lieber, sag mir, warum verlangst du das alles von mir?«*

*Die Antwort von Herrn Blau: »Schau, der Tod wird bald kommen, vielleicht gefällst du ihm besser!«*

Carlo Schmid schreibt: »Der jüdische Witz ist heiter hingenommene Trauer über die Gegensätze dieser Welt. Er zeigt immer wieder auf, dass – eben in dieser Welt voller Logik – die Gleichungen, die ohne Rest aufgehen, nicht stimmen können.« Die Juden und die guten Psychotherapeuten erzählen nicht nur gerne Witze, sondern auch Geschichten, beides Beispiele fern von mathematischen Gleichungen. Gleichnisse hingegen sind wunderbare psychotherapeutische Instrumente.

Witze und Metaphern haben das Element des Gleichnisses, der Verdichtung und den Überraschungseffekt gemeinsam und helfen so, den Blickwinkel zu erweitern. Das Unausgesprochene erreicht das Unbewusste!

An alle Psychotherapeutinnen, die dieses Buch lesen, kann ich die frohe Botschaft richten, dass der große Psychoanalytiker Ralph R. Greenson meinte, dass jene Therapeuten die besten sind, die über viel Humor verfügen.

Übrigens, kennen Sie den?

# Glossar

*Broche:* Segen
*Chamer:* Freier
*Chonte:* Hure
*Chuzpe:* Frechheit
*Ganev:* Gauner
*Goj, Gojim, Gojte:* Nichtjude, Nichtjüdin
*Insriger, Insrige:* Jude, Jüdin
*Kelef:* Hund
*Meschugge:* verrückt
*Peikeles:* Schläfenlocken
*Schadchen:* Heiratsvermittlerin
*Schiach:* hässlich
*Schnorrer:* Bettler
*Serchel:* Hirn/Intelligenz
*Tuches:* Gesäß
*Zores:* Sorgen